둗 ___론가

자유의지, 그 난제로의 초대

김남호 지음

차례

감사의 말

독일 브레멘대학교에서 학부 과정을 마치고 본Bonn대학교 석박사 통합 과정에 지원하기 위해 몇 개월을 논문계획서를 쓰며 지냈다. 나는 박사논문에서 자유의지 문제를 다루고 싶었다. 어느 날, 브레멘에 있는 철쭉 공원에서 산책하다 기묘한 경험을 했다. 자유의지가 있든 없든 둘 중 하나는 옳아야 하는데, 아직 이에 대한 답을 모른다는 사실이 참 기이했다. 결정론, 양립론, 자유론이 서로의 약점을 물고 있는 모습이 마치 꼬리에 꼬리를 물고 진흙탕 싸움을 벌이는 뱀처럼 느껴졌다. 결정론이 옳은 길인 듯 보이지만 막다른 골목에 다다르는데, 이는 다른 입장에도 마찬가지였다. 끝을 알 수 없는 심연과 마주한 가운데 인간의 지성이 무기력해지는 경험, 그 섬뜩하면서도 신비로운 경험은 지금까지 내가 '자유의지'라는 주제로 논문과 책을 쓸 수 있게 만든 힘이 되었다.

본대학교의 박사논문 지도교수와 부지도교수인 디터 슈투르마Dieter Sturma 교수와 하인리히스Jan-Hendrik Heinrichs 교수에게 감사 인사를 전한다. 나는 두 사람에게 철학자로서의 끈기와 박사 학위자의 사명감에 대해 큰 가르침을 얻었다. 더불어 고려대학교 권영우 교수님과 경상국립대학교 이상형 교수님께도 감사드리고 싶다. 두 분 덕에 학술회에서 즐겁게 철학을 논할 수 있었다. 개인적으로 이화여자대학교 신상규 교수님께도 감사드리고 싶다. 챗GPT와 같은 대형 언어모델의 등장과 함께 이전의 내 생각을 수정해야 할 필요를 느꼈는데, 새로운 사유에 대한 도전에 신상규 교수님의 논문이 큰 영감을 주었다. 서울대학교 우종학 교수님께 감사드린다. 물리학자로서 철학과 신학의 고유 역할을 인정하고, 그 접점에서 발생하는 창의적 사유를 모색하려는 자세는 철학자인 내게도 큰 영감을 주었다. 한양대학교 김성신 교수님께도 감사드린다. 아트센터 나비에서 주최한 '동동마당'에서 우리는 각각 철학자와 뇌과학자로서 자유의지에 관한 연구 성과를 발표할 수 있었다. 그때 나는 커넥톰 등과 같은 연구 분야의 동향에 관한 최신 정보를 얻을 수 있었다.

이야기나무 김상아 대표님에게 감사를 전하지 않을 수 없다. 자유의지는 너무나 중요한 철학 문제임에도 지금까지 국내에 번역서 외에 책이 없었다. 그러나 이에 대해 출판사의 반응은 호의적이지 않았다. 먼저 손 내밀어 주신 김상아 대표님 덕분에 이 책이 의미와 기쁨을 얻을 수 있게 되었다.

우리나라에서 점점 전문 철학자가 설 자리가 줄어들고 있다. 이는 지적인 균형의 측면에서 매우 심각한 일이다. 우리에겐 과학도, 철학도, 예술도, 종교도 필요하다. 소크라테스의 죽음은 현재진행형이다. 이 책을 이 땅의 모든 소크라테스에게 바친다.

2024. 2. 김남호

서문

챗GPT, 커넥톰^{뇌지도} 등과 같은 놀라운 과학기술이 쏟아지고 있는 시대에 여전히 풀리지 않은 채 남아있는 문제가 있다. 바로 자유의지^{Free Will}다. 수학계의 난제로 널리 알려진 리만 가설^{Riemann Hypothesis1)}처럼 자유의지 역시 난제 중의 난제로 손꼽힌다. 그러나 자유의지는 법, 교육, 종교, 개인의 인생관과 가치관에 직·간접적인 영향을 준다는 점에서 그 중요성이 남다른 문제이다.

나는 형이상학^{Metaphysics}이 다이아몬드 반지라면, 자유의지 문제는 그 반지의 다이아몬드라고 말하곤 한다. 플라톤, 아리스토텔레스, 아우구스티누스, 데카르트, 칸트, 니체, 헤겔뿐 아니라, 21세기의 많은 철학 사상을 관통하는 주제가 바로 자유의지이기 때문이다. 많은 이들이 자유의지의 정체가 과학의 발전으로 밝혀질 것이라 믿고 있다. 또 어떤 이들은 이미 과학이 자유의지가 실재하지 않음을 증명했다고 믿고 있다. 그러나 속단은 늘 위험하다. "검토되지 않은 삶은 살만한 가치가 없다"는 소크라테스의 말을 기억하자. 즉, 그러한 통속적인 믿음이나 주장은 면밀하게 검토될 필요가 있다. '자유의지는 허상이다'라는 주장의 근거가 무엇이고, 그 근거가 과연 설득력

---

1) 1859년에 제기된 리만 가설(Riemann Hypothesis)은 미해결 된 6대 밀레니엄 문제 중 하나이며, 그 증명을 통해 소수의 분포 법칙을 쉽게 이해할 수 있다.

이 있는지 검토해야 한다. 이 원칙은 '자유의지는 있다'고 주장하는 경우에도 공평하게 적용된다. 검토되지 않은 믿음은 자신과 타인을, 더 나아가 한 사회를 불행에 빠트린다는 사실을 수많은 역사적 사례가 증명한다.

우리 헌법재판소는 우리 자신을 자기결정권을 지닌, 창의적이고 성숙한 개체로서의 국민으로 규정하고 있다. 또한 대부분 사람은 자기가 자유롭다고 믿고 살아간다. 하고 싶어서 했고, 하고 싶으니까 한다. 왜 x가 아닌 y 영화를 보려고 했는지, 왜 x가 아닌 y 식당에 가려고 했는지, 왜 x가 아닌 y로 여행을 가려고 했는지 등이다. 만일 이런 선택의 순간, 무언가에 의해 내 마음과 상관없이 특정한 편을 선택하도록 강요당한다면, 일상은 곧 지옥일 것이다. 다음과 같은 조종망상Idea of Control을 생각해 보자.

나는 이 세상을 구원하기 위해 태어났다. 그래서 악마가 그걸 방해하기 위해 내가 무언가를 선택하려고 할 때마다 초자연적인 힘으로 개입한다. 나는 누군가에게 내가 가진 빵을 나눠주려고 하지만, 악마는 그를 폭행하라고 시킨다. 나는 악마의 힘을 당해내지 못하고...

이런 망상을 앓는 사람은 참으로 고통스러울 것이다. 물론 이 경우는 병리 현상이며, 전문가의 정확한 진단과 처방이 필요하다. 여기서 중요한 점은 대부분의 사람은 이런 망상과는 무관한 삶을 산다는 점이다. '나는 자유로워. 내가 마음만 먹으면 그렇게 할 수 있으니까'라고 믿으며 살아간다.

그런데 우리가 자유롭다는 생각이 사실은 착각이라고 주장하는 목소리가 있다. 그 기원을 정확히 추정할 수 없지만, 현대 신경과학 Neuro Science[2]의 발전으로 이 목소리가 힘을 얻고 있다. 그러나 문제가 그렇게 간단하다면 얼마나 좋을까? 기억하자. 자유의지 문제는 지금까지 수많은 천재들이 매달려 왔지만, 아직 인류가 정복하지 못한 문제라는 사실을. 철학은 모든 학술 분야에서 근본적으로 가정하는 개념을 탐구 대상으로 삼기 때문에 신경과학, 심리학, 물리학의 연구성과로 자유의지 문제에 접근하고자 하는 이들에게도 이 책은 중요한 안내서가 되어 줄 것이다.

1장은 도대체 무엇이 문제인지를 다룬다. 영웅과 반사회적인 악인의 사례를 통해 자유의지 문제가 도대체 왜 중요한지 살펴본다. 이어 2장과 3장은 역사적인 내용을 다룬다. 고대 그리스의 호머부터 니체까지 자유의지를 둘러싼 문제의식과 개념이 어떻게 발전되어 왔는지 조망한다. 4장부터 6장은 결정론, 양립론, 자유론을 둘러싼 현대적인 논쟁 성과를 담고 있다. 많은 이들이 결정론이 옳다고 믿지만 그렇게 간단한 문제는 아니다. 7장은 철학과 과학의 역할이 어떻게 다르며, 왜 협업해야 하는지 논한다. 끝으로 인간 두뇌의 커

---

2) 신경과학은 뇌 해부학, 분자 생물학, 컴퓨터 공학 등을 통해 주로 인간의 신경 시스템을 연구하는 학문을 통칭하는 이름이다.

넥톰, 챗GPT의 등장이 자유의지 논쟁에서 어떤 의미를 지니는지 생각해 보도록 한다.

읽고 싶은 장을 먼저 읽어도 괜찮지만, 가능한 1장부터 읽는 쪽을 추천한다. 내용 중 '*상식 UP*'은 철학의 기본 개념, 배경지식 등을 간단히 다루고 있다. '*사고력 UP*'은 독서 토론, 논술 수업 등에서 유익하게 활용할 수 있을 것이다. 위대한 철학자도 아주 순수하고, 단순한 물음으로부터 그 학술의 여정이 시작된다는 점을 잊지 말자.

사고력 UP

방 안에 누군가가 정성껏 구불구불하게 도미노 조각을 세워 놓았다. 일어날 수 있는 두 가지 사건을 생각해 보자. 이 두 사건은 같은 종류의 사건인가? 아닌가?

사건 1	사건 2
열린 창틈으로 바람이 불어 도미노 조각 하나가 넘어져 연쇄적으로 모두 넘어지는 사건	누군가가 손가락으로 도미노 조각 하나를 밀어 연쇄적으로 모두 넘어지는 사건
주장 1 두 사건은 같은 종류의 사건이다.	주장 2 두 사건은 같은 종류의 사건이 아니다.
변론 1 바람은 원인에 의해 생겼으며, 바람이 원인이 되어 도미노가 연쇄적으로 넘어졌다. 손가락의 움직임은 두뇌 활동이 원인이며, 원인과 결과에 따라 발생한 사건이란 점에서 두 사건은 같은 종류의 사건이다.	변론 2 사건 1은 원인과 결과에 따라 설명이 되는 자연 사건이다. 그러나 사건 2는 다르다. 왜냐하면, 바람의 경우와 달리 행위자의 의식적 의도 및 목적, 욕구 등이 개입된 사건이기 때문이다.

어느 날
모든 걸 다 아는 신이 나에게
질문 하나에 대한
답을 주겠다는 기회를 준다면,
이렇게 묻고 싶다.

"신이시여,
우리 인간은 자유로운 존재인가요?"

1장

무엇이 문제인가?

무엇이
문제인가?

베드로와 가룟 유다

기독교 믿음에 따르면, 예수는 인간의 원죄를 사하기 위해 온 성자 하나님이다. 그는 자신의 피 흘림을 통해 인류의 죄를 없애기 위해 왔다. 성경에서 언급하는 그 구원의 과정은 굉장히 극적이다. 이런 극적인 요소가 예수의 이야기를 할리우드 영화에서 자주 찾아볼 수 있는 이유 중 하나일 것이다.

스승 예수는 제자 중 두 명으로부터 배신당한다. 가룟 유다는 스승에 적대적인 제사장들에게 당시 노예 한 명의 몸값에 맞먹는 은 30냥을 받고 예수를 넘겨준다. 예수를 지목하기 위해 그 유명한 입맞춤을 하면서 말이다. 그런데, 성경은 이미 예수가 유다의 배반을 이미 알고 있었다고 기록한다. 유다는 스승인 예수가 붙잡힌 뒤에 죄책감에 시달리다 극단적 선택을 했다고 알려졌다.

갈릴리 호수에서 어부로 살아가던 베드로는 어느 날 예수라는 스승을 만나게 된다. 기록에 따르면 베드로는 충직하지만, 다소 다혈질적인 인물인 듯하다. 충성을 맹세하던 베드로는 스승에게 '언젠가 너는 닭이 울기 전에 나를 세 번이나 모른다고 말하게 될 것이다'라는 놀라운 이야기를 듣는다. 그리고 유다를 앞세운 제사장 일행에 의해 예수가 체포되던 그날, 겁에 질린 베드로는 장작불 앞에서 떨고 있다가 얼굴을 알아본 제사장 무리의 추궁에 "나는 그 사람을 모른다"라는 말을 세 번 내뱉고 만다. 그리고 닭이 울었다.

두 제자는 모두 어떤 선택을 했다. 전자는 스승을 배반한 선택을, 후자는 스승을 부인한 선택을 했다. 그런데 스승은 이미 그들의 선택을 알고 있었다. 예수가 정말로 신이라고 생각해 보자. 우주의 모든 사건을 이미 다 아는 그런 전지한Omniscient 신이라고 말이다. 그렇다면, 두 제자의 선택은 '이미 결정된 사건'일 것이다. 즉, 우주는 빅뱅, 태양계의 형성, 지구 내의 생명체 등장, 공룡의 멸종 등과 같은 수많은 사건으로 가득하고, 그 사건들을 일으키는 헤아릴 수 없이 많고 복잡한 원인과 결과에 해당하는 사건들이 이미 정해졌을 것이다. 예수는 신이기 때문에 인간의 상상을 초월하는 그 인과 과정을 전부 알고 있다. 그래서 예수는 우주가 탄생하기 전부터 두 제자의 선택을 이미 알고 있었다.

만일 그들의 선택이 이미 정해진 사건이라면, 골치 아픈 문제가 발생한다. '유다가 스승을 배반했다'고 말할 수 있을까? '베드로가 스승을 세 번 부인했다'고 말할 수 있을까? 유다와 베드로의 선택을 그들의 책임이라고 할 수 있을까? 그렇게 말할 수 없다. 유다의 배반이라는 사건은 이미 그 이전의 수많은 원인-결과 사슬의 불가피한 결과물일 뿐이다. 스승이 십자가형을 당한 뒤, 슬픔에 잠긴 베드로에게 부활한 몸으로 예수는 다가온다. 그리고 제자에게 "저는 당신을 사랑합니다"라는 고백을 세 번 받아내어, 제자의 마음속 상처를 어루만져 준다. 그러나 베드로의 부인과 순종이 이미 결정된 것이라면, 예수의 행동은 교육적으로 무슨 의미가 있겠는가?

'이미 정해진 일'에 대해 우리는 책임을 물을 수 없다. 누군가 벼락을 맞아 죽었다고 해보자. 우리는 그를 사망에 이르게 한 그 벼락을 비난하거나, 그에게 책임을 물을 수 없다. 단지 그 벼락의 개별성을 확보할 수 없기 때문만은 아니며, 그 벼락이 인간의 말을 하지 못하기 때문만도 아니다. 벼락은 그 이전의 원인에 의해 발생한 '자연사건'에 불과하기 때문이다. 그런 이유로 사육사를 공격해 사망에 이르게 한 사자를, 윈드서핑을 즐기는 사람의 사지를 뜯은 백상아리를 비난할 수 없고 그 행위에 책임을 물을 수 없다.[3]

---

3) 맹수나 상어의 경우 행위(Action)보다는 행동(Behavior)을 사용하는 게 적합하다. 통상적으로 행위는 행위자의 의식적 의도가 개입되어 발생한 사건을 지칭하기 때문이다.

또한 이미 정해진 일에 교육이 개입할 틈은 없다. 교육이 어떤 적절한 효과를 통한 개인의 변화 가능성을 전제로 하는 한 그렇다. 우리가 어린 자녀나 학생을 타이르고 설득하며 긍정적인 자극을 주고 노력하는 이유는 그들이 무엇인가 선한 방향으로 변화할 수 있다는 가능성을 믿기 때문이다. 그러나 이 변화 가능성은 단순히 당구대 위를 굴러가는 당구공을 살짝 건드려 방향을 트는 식의 '물리적 변화 가능성'이 아닌, 교육의 대상자 본인이 자발적으로 선택함을 의미한다. 그가 마음의 문을 열지 않고 교육자의 의도를 받아들이지 않으면 긍정적인 변화 가능성도 기대할 수 없기 때문이다.

인류 문명에서 매우 중요한 역할을 담당하고 있는 교육과 법 시스템은 이미 한 개인이 스스로 선택할 수 있는 능력이 있다는 걸 전제로 한다. 그런데, 만일 그 능력이 사실 존재하지 않는다면 어떻게 될까? 내가 일상의 많은 결정을 스스로 선택하는 주인공이라는 믿음, 스스로 선택하는 능력이 일반적으로 누구에게나 갖춰져 있다는 믿음이 틀렸다면?

스스로 선택하는 능력이 우리에게 있느냐 없느냐는 결코 만만한 문제가 아니다. 법과 교육에 영향을 미치고 인간관과 가치관, 인생관에 직접 영향을 미치는 엄청난 문제이다. 스스로 선택할 능력이 없음을 모두가 알게 된다면, 우리가 사는 세상은 근본적인 변화를 겪게 될 것이다. 어떤 의미에서는 '소행성 충돌'에 맞먹는 후폭풍이 발생할 것이다. 이는 너무나 거대하고, 일상 전반에 영향을 미치기 때문에 당장 그 정체가 가늠되지 않을 수 있다.

우선 우리의 상식적인 믿음, 즉 스스로 선택하는 능력이 있는지에 대한 믿음이 옳은지 검토해 볼 필요가 있다. 그리고 만일 그 믿음이 틀렸음이 언젠가 밝혀진다면, 우리가 사는 세상이 어떻게 변화될지도 생각해봐야 한다.

과연 우주의 모든 일은 이미 원인-결과 사슬에 의해 결정된 것일까? 아니면, 일부 사건, 즉 우리의 '선택'만큼은 이전의 원인-결과 사슬의 영향을 받지 않는, '결정되지 않은 사건'일까?

마더 테레사와 리오넬 메시

이 세상에는 많은 위인이 있다. 대부분의 사람은 어릴 적에 위인전을 읽어본 기억이 있을 것이다. 위인의 업적을 폄하하고 싶은 마음은 없지만, 그들의 삶이 우리에게 어떤 교훈을 줄 수 있는지 한번 생각해 보려고 한다. 다음 글은 위인 두 명의 삶을 설명한 것이다.

위인 I - 마더 테레사 Mother Teresa, 1910~1997
콜카타의 성녀라고 불리는 성녀 테레사는 1910년 8월 26일 지금의 북마케도니아 스코페에서 태어났다. 1928년 아일랜드 더블린에서 성모 수녀회에 입회하고, 인도로 떠나 1937년 로레토 수녀회의 수녀로서 종신서원을 했다. 1946년, 기차 안에서 약자를 위한 삶을 살라는 신의 소명을 받았다고 하는 그녀는 1948년부터 수도복을 벗고 죽어가는 사람을 돌보는 일을 하기 시작했다. 뜻을 함께하는 사람들이 모여 '사랑의 선교회'라는 단체가 만들어졌고, 1952년에는 빈자를 위한 '임종자의 집'이 생겼다. 1979년 노벨평화상을 받았고, 1980년에는 인도에서 가장 높은 훈장인 바라트 라트나Bharat Ratna를 받았다. 죽어가는 수많은 이들을 돌보며 빈자들의 선생이자 친구로 일평생을 살아온 테레사 수녀는 1997년 임종하였다. 그의 묘비에는 다음처럼 새겨져 있다.

"내가 너희를 사랑한 것처럼 너희도 서로 사랑하여라."

(요한복음 15장 12절)

위인 II - 리오넬 메시Lionel Andrés Messi Cuccittini, 1987~

의심할 수 없는 축구계의 신 메시는 축구 역사상 최다 공격 포인트 기록자이며 발롱도르(7회 수상), FIFA 올해의 선수, 유러피언 골든 슈 최다 수상자이다. FC 바르셀로나와 아르헨티나 축구 국가대표팀, 스페인 축구 리그 역대 최다 득점자이며, 2022년 카타르 월드컵에서 아르헨티나 대표팀의 우승을 이끌었다. 수상 경력과 기록이 너무 많아서 일일이 언급하기도 힘들 정도다.

이 두 위인의 삶은 우리에게 어떤 교훈을 줄까? 이 두 사람은 이 범접할 수 없는 업적에 '특화된 조건'을 갖고 태어나지 않았을까? 마더 테레사에게 그 조건이란 아마도 '더 뛰어난 공감능력', '동정심에 대한 민감한 감수성', '사사로운 욕구에 대한 무감각 혹은 통제력' 등과 같은 기질이나 성격에 대한 요소일 것이다. 메시의 경우, 다리와 발목 등 신체의 일부를 미세하게 조절할 수 있는 '운동능력', '공간 지각 능력'에 대한 요소일 것이다. 마더 테레사는 이미 어렸을 때부터 누군가의 강요나 요구 없이 그런 기질을 드러냈으며, 메시는 분명 어릴 때부터 공을 특출나게 잘 다뤘다. 그들의 능력은 타고난 조건이 여러 환경 요소와 맞물려 '제한과 제약 없이' 실현될 수 있었던 것이다. 이 세상에 봉사활동을 하며 사는 사람은 수없이 많다. 그러나 그들 대부분은 마더 테레사처럼 일을 감내하지 못하는 자기 모습을 인정해야 할 것이다. 또 축구를 즐기는 이들은 얼마나 많은가? 그들 대부분 역시, 아니 심지어 최고 수준의 프로 축구 선수조차도 메시와 같은 경기를 할 수 없는 자기 모습을 인정할 수밖에 없다.

물론 여전히 위인전이 읽히는 이유는 마더 테레사나 메시의 삶을 통해 '뭔가 더 나은 삶', 혹은 '더 선한 삶'을 살도록 영감과 감동을 얻기 때문일 것이다. 그러나 냉정히 말해서, 우리는 마더 테레사의 업적을 감히 감당할 수 없으며, 메시의 축구 능력을 갖출 수 없다. 그들의 능력은 '선천적으로 타고난' 결과물이기 때문이다. 누군가는 노력의 중요성을 지적하겠지만, 애초에 그런 타고난 능력이 없다면 노력이 무슨 소용일까?

　그런 의미에서 위인전은 모두에게 긍정적인 효과를 주진 않는다. 오히려 세상과 자신에 대한 원망을 부추길 수 있다. 두 위인의 조건, 능력은 그들이 원해서 생긴 게 아니다. 그렇다면, 그것은 어떻게 생겨난 것일까? 원인과 결과의 사슬을 생각해 보자. 두 위인은 생물학적으로 인간이며, 정자와 난자의 결합으로 태어났다. 정자와 난자에는 부모를 포함한 이전 조상들의 유전자 정보가 포함되어 있다. 그러나 두 위인의 부모가 달랐다면, 두 위인의 조건은 충족되지 않을 수도 있다. 왜 꼭 그 부모여야 했을까? 여기에 필연적인 이유는 없다. 그냥 우연이다. 어쨌든 두 부모가 만났다. 그리고 부모 역시 한 개체로서 같은 방식으로 태어났다. 그러한 부모가 있기 위해서 수많은 원인이 결과를 일으키고, 그 결과는 또 원인이 되어 수많은 결과를 일으켰다. 그 원인-결과의 연결 고리는 현대 물리학이 말하는 빅뱅Big Bang까지 시간을 거꾸로 거슬러 올라갈 것이다.[4]

　마더 테레사와 메시의 조건과 능력의 원인이 빅뱅까지 거슬러 올라간다고? 놀랍지만 그렇다. 거칠게 말해서 원인과 결과의 순서상[5] 빅뱅이 없었다면, 우리 은하가 없었다면, 태양계가 없었다면, 지구가 없었다면, 지구에 생명체가 없었다면, 지구 생명체가 문명을 만들지 못했

---

4) 흡연 때 발생하는 화학물질이 신체에 어떤 영향을 주는지, 시간을 거슬러 원인과 결과의 관계를 살펴보면 이해가 쉽다.
5) 일반적으로 원인은 결과에 시간상 앞서 발생한다고 본다. 그러나 미래의 사건이 과거에 영향을 주는 이른바 역행인과(Backward Causation)의 논리적 가능성도 철학에서 논의되고 있다.

다면, 우리가 아는 위인으로서의 마더 테레사나 메시는 없다. 마더 테레사나 메시를 질투할 필요가 없다. 차라리 빅뱅을 탓하라. 마찬가지로 마더 테레사나 메시가 되지 못하는 자신을 원망하지 마라. 차라리 빅뱅을 원망하라. 빅뱅을 탓하고 원망한다고 해서 얻을 것이 없으니, 차라리 한 번 피식 웃고 마는 쪽이 정신 건강에 좋을 수도 있다.

그런데, 이런 사실이 자신의 실수나 부족함에 대한 변명이 될 수 있을까? 마더 테레사와는 정반대의 기질이나 성격을 가진 사람을 상상해 보자. 그의 타고난 요소는 여러 외부 요소와 맞물리면서, 반사회적인 범죄 행위를 일으킨다. 그의 변호사는 법정에서 의뢰인의 악행을 변호한다.

"우리는 이 사람을 비난해서는 안 됩니다. 그의 악행은 그가 원한 결과가 아닙니다. 그는 단지 '그렇게 타고났을 뿐'입니다. 누가 그에게 감히 돌을 던질 수 있습니까?"

범죄자는 비난받을 수 없는가? 모든 게 빅뱅까지 거슬러 간다면? 아무래도 상상이 아닌, 현실에 있는 범죄자들의 삶을 살펴볼 필요가 있다. 살인마 박춘풍과 유영철, 테드 번디가 바로 그들이다. 그 전에 다소 특이한 사건 사례 하나를 소개해 본다.

몽유병 살인사건

1987년 5월 23일, 캐나다에서 한 남성이 집에서 약 20km 떨어진 곳까지 갔다. 그리고 이미 갖고 있던 열쇠로 문을 열고 들어가 잠자던 노부부를 무차별 폭행하고 목을 졸랐다. 여성은 그 자리에서 숨졌고, 남성은 중상을 입었다. 그의 이름은 파크스^{Kenneth Parks}였고, 피해자는 그의 장모와 장인이었다. 파크스는 곧바로 인근 경찰서로 가서 그 사실을 알렸다.

이후 파크스 사건은 언론을 통해 화제가 되었다. 캐나다 대법원은 파크스에게 최종적으로 무죄판결을 내렸다. 그 이유는 파크스가 사건이 발생하던 시점에 몽유병 상태에 있었다는 의학 보고서들을 법정이 사실로 받아들였기 때문이다. 그의 아내도 남편을 옹호하였다.

몽유병 혹은 수면보행증^{Somnambulism}으로 불리는 상태에서는 주변 정보의 조정 및 통합을 담당하는 대뇌피질 영역이 활동하지 않기 때문에, 사람은 의식이 없는 상태에서 특정 행동을 하게 될 수 있다. 파크스 사건은 몽유병이 폭력적인 행동으로 이어져 비극을 일으킨 매우 드문 사례이다.

어떤 사건이 범죄 행위로 인정받기 위해서는 일반적으로 악투스 레우스^{Actus Reus}와 멘스 레아^{Mens Rea}가 충족되어야 한다. 악투스 레우스는 범죄 사건의 객관적 요소이다. 살인 사건의 경우 피해자가 입은 상처, 사망 시각, 사망 원인 등이 이에 해당한다. 멘스 레아는 주관적 요소로, 범죄 행위를 일으킨 행위자의 의식적 의도, 즉 범의^{犯意}에 해당한다. 대부분의 범죄 행위에서 범죄자의 주관적 요소는 매우 중요하다.[6] 사건 수사에서 범죄자에게 자백을 받아내려고 힘쓰는 이유이기도 하다. 자백을 통해 확보한 범죄 의도는 비슷한 유형의 범죄를 이해하고 용의자를 특정하며, 범인을 찾아내는 데 중요한 자료로 사용된다.

파크스가 무죄인 이유도 이와 연관된다. 파크스가 몽유병 상태였다면, 그의 행동이 아무리 잔인한 결과를 초래했더라도 책임의 대상이 될 수 없다. 그의 의식은 말 그대로 '전원이 꺼진 상태'였으므로 애초에 의도를 가질 수가 없었기 때문이다.

파크스의 사례는 자유의지, 즉 자유롭게 선택할 수 있는 능력이 없는 전형적인 상황을 잘 보여준다. 그에게는 애초에 폭력을 행사할 의도도, 행사하지 않으려는 의도도 없었다. 그래서 그의 행동에 책임을 물을 수 없다. 그렇다면, 범의를 충족하는 반사회적 사건의 경우는 어떨까? 짐승만도 못한 이들에게 책임을 물을 수 있을까?

---

6) 주관적 요소 없이 범죄로 인정되는 절대적 책임(Strict Liability)이라는 범법 행위도 있다. 미성년자와의 성관계가 그런 경우이다. 이 경우 범죄 의도가 없더라도 많은 국가에서 범죄 행위로 여겨진다.

살인마 박춘풍과 테드 번디

2014년 12월 4일 오후 1시 3분경 수원시 팔달구 팔달산을 등산하던 등산객 46살 임 모 씨가 수상한 비닐봉지를 발견한다. 곧 그 일대는 경찰의 대대적인 수사 대상이 되었다. 비닐봉지 안에 시신 일부가 들어있었기 때문이다.

다행스럽게도 범인은 얼마 되지 않아 잡혔다. 박춘풍은 2008년 위조한 여권으로 한국에 건너와 수원에 살던 불법체류자였다. 그는 동거녀와 다툼 중 우연히 발생한 사고로 인해 동거녀가 죽음에 이르게 되었다고 진술했으나, 경찰 측은 의도적인 살인이라고 보았다. 실제로 그는 동거녀를 목 졸라서 살해했다.

박춘풍 사건은 자유의지 논쟁과 관련하여 한국 사법 사상 최초로 범죄자의 뇌를 촬영한 영상이 재판에서 검토되었다는 점에서 중요한 의의가 있다. 박춘풍의 변호인은 의뢰인이 어릴 때 사고를 당해 전두엽에 손상을 입었다고 주장했다. 이를 뒷받침하기 위해 이화여자대학교 뇌인지과학연구소는 MRI^Magnetic Resonance Imaging, 자기공명영상로 박춘풍의 뇌에 어떤 구조적인 문제가 있는지 촬영했다. 특정 질문에 어떤 식으로 두뇌가 반응하는지 알아보기 위한 fMRI 검사는 박춘풍의 언어 반응 미숙으로 실시되지 않았다. 또한 사이코패스 성향 검사^PCL-R, Psychopathy Checklist-Revised도 실시했다.

왜 이런 검사를 하고자 했을까? 우선 MRI는 두뇌의 내부를 생생하게 들여다볼 수 있다. MRI 촬영 결과, 변호인의 주장처럼 박춘풍의 안와기저부가 손상을 입었음이 확인되었다. 안와기저부는 우리의 눈썹 바로 뒷부분에 위치한 대뇌피질이며, 충동조절과 공감능력에 깊이 관여하는 전전두엽이 위치한 부분이다. 여기에 특정한 질문을 던지며 fMRI로 뇌를 촬영하면, 박춘풍의 두뇌에서 어느 부분이 활성화되는지 알아낼 수 있다. 즉, MRI가 뇌의 구조를 보는 장치라면, fMRI는 뇌의 기능을 보는 장치이다. 만일 질문자가 공감능력을 요구하는 물음을 했음에도 피실험자의 전전두엽이 활성화되지 않는다면, 적어도 그 물음에 관해서는 공감하지 못한다는 증거가 될 수 있다. 그러나 박춘풍의 경우 언어적 소통의 문제로 fMRI 검사는 진행되지 않았으며, 사이코패스 성향 검사는 정상 범위로 나왔다.

fMRI 검사를 하지 않았기 때문일까? 박춘풍의 안와기저부가 손상을 입었음이 사실로 밝혀졌지만, 재판부는 1심의 결과인 무기징역을 바꾸지 않았다. 박춘풍이 정상적인 사고능력을 가지고 있다고 판단했기 때문이다. 만일 박춘풍이 fMRI 검사를 해서 공감 능력에 기능상 이상이 있음이 밝혀졌다면 어떻게 됐을까? 만일 뇌 측정장치가 더욱 정교해진다면, 그래서 한 범죄자의 두뇌 이상을 정교하게 밝혀낸다면, 두뇌 손상으로 공감능력과 충동조절능력이 저하된 사람이 어떤 반사회적 행위를 했을 때, 정상인과 같은 조건으로 책임을 묻는 것은 불공평하지 않을까?

그렇다면, 외견상 두뇌 손상이 없는 경우를 생각해 보자. 테드 번디Theodore Robert Bundy, 1946~1989는 1974년부터 약 4년 동안, 확인된 것만 20명의 젊은 여성을 살해했다. 번디의 범행은 역설적으로 범죄심리학이 발전하는 계기가 되었다. 소위 연쇄 살인범Serial Killer이란 개념이 나오게 된 결정적인 사례가 되었으며, 미국 사회가 사회에 불만과 증오를 가진 저소득층과 무관한 반사회적 범죄가 발생할 수 있다는 인식을 하게 된 계기가 되었다. 미국 버몬트주 벌링턴의 중산층 가정에서 태어난 번디의 어린 시절은 범죄자의 성장과 관련된 결정적 흔적을 찾기가 힘들다. 물론 사생아로 출생한 번디는 외조부모를 친부모로, 자신의 친모를 누나라고 알고 자랐다. 이후 재혼한 친모와 함께 살게 되지만, 번디는 친모의 사랑을 충분히 받지 못했다고 알려졌다. 그러나 남들이 보기에 제법 멋진 외모에, 화려한 언변을 가진 청년으로 성장했으며, 워싱턴대학교에 입학해서 1972년 심리학 학사 학위를 받았고, 정치 활동에 적극적으로 참여하기도 했다.

1974년부터 번디는 잔혹한 살인을 저지르기 시작한다. 그가 사랑했지만, 함께 할 수 없었던 여자친구와 결별한 지 얼마 되지 않은 시점부터다. 번디는 박춘풍과 달리 외부적인 두뇌 손상을 입지 않았다. 번디를 살인광으로 만든 원인은 무엇일까? 친모가 누나라고 번디를 속인 것에 대한 분노일까? 조부의 폭력적인 성향으로 인한 정신적인 스트레스 때문일까? 사랑했던 애인으로부터 버림받은 상처 때문일까? 아니면 이 모든 것들 때문일까? 만일, 이 물음에 대해 '그렇다'고 말한다면, 다음과 같은 반론에 직면할 수 있다.

그와 비슷한 상황에 부닥쳤다고 해서 누구나 다 살인광이 되지 않는다. 그보다 더 나쁜 환경에서 자랐어도 범죄자는커녕, 위인이 된 사례는 수도 없이 많다. 그저 번디의 비겁한 변명일 뿐이다.

다른 예를 들어보자. 가린샤Manuel Francisco dos Santos, 1933~1983는 축구의 황제 펠레와 함께 브라질이 낳은 세계 최고의 축구 스타이다. 가린샤는 브라질 리우데자네이루의 빈민가에서 태어났고, 부친은 알코올 중독자였다. 정규 교육도 받지 못한 가린샤는 소아마비를 앓아 오른쪽 다리가 안으로 굽고, 왼쪽 다리보다 6cm 정도 길었다. 축구를 좋아하던 가린샤에게 신의 형벌처럼 느껴졌을 가혹한 결과였다. 그러나 가린샤는 축구에 전념했고, 결국 당대 최고의 드리블러라는 호칭을 얻게 된다. 다른 다리 길이에서 자연스럽게 발생하는 변칙적인 움직임으로 수비수가 막기 힘든 드리블을 구사할 수 있게 된 것이다.

예를 들어, 가린샤의 생애를 생각해 보라. 번디보다 심했으면 심했지 결코 나은 어린 시절을 보내지 못했다. 그러나 그는 아버지를 따라 알코올 중독자가 되지도, 빈민가의 범죄자가 되지도 않았다. 게다가 축구 선수로서 치명적일 수 있는 장애의 흔적을 오히려 장점으로 승화시켰다. 그는 위인이 되었다. 가린샤는 칭찬받아 마땅하고, 번디는 비난받아 마땅하다.

시간을 되돌린다면

번디는 1989년 전기의자에서 사형집행을 당하는 그 순간까지 자신의 범행을 후회하지 않았다. 살아남은 피해자와의 대화가 담긴 녹음 테이프 속 번디의 자기 변론은 다음과 같다.

이 '타인들'이 누구인지 나는 스스로 물어보았어. 인권을 지닌 다른 인간들인가? 돼지, 양, 소와 같은 동물을 죽이는 것보다 인간이라는 동물을 죽이는 것이 왜 더 그른 일인가? 돼지의 생명보다 우리의 삶이 당신에게 더 중요한가? 왜 전자보다 후자를 위해서 나의 쾌락을 기꺼이 희생해야 하는가? 이 과학 계몽의 시대에 신이 어떤 쾌락은 도덕적이며 좋고, 어떤 쾌락은 비도덕적이고 나쁘다고 선언했다고 당신은 믿지 않을 거야. 나의 사랑스러운 아가씨, 내 당신에게 분명히 말하지만, 내가 햄을 먹을 때 취할 수 있는 쾌락과 내가 당신을 강간하고 죽임으로써 기대하는 쾌락 사이에는 절대적으로 그 어떤 차이도 없어. 이는 나의 자발적이면서 구속받지 않은 자아의 가장 진지한 성찰 끝에, 내가 받은 교육에서 내가 끌어낸 정직한 결론이야.[7]

---

7) Harry V. Jaffa, Homosexuality and the Natural Law, pp. 3~4

번디의 발언은 확실히 당혹스러움과 분노를 일으킨다. 그러나 침착하게 그의 진술을 분석해 보면, 나름의 논증^{Argument}을 볼 수 있다. 위 녹취록 중 번디의 주장은 '햄을 먹을 때 얻는 쾌락과 사람을 강간하고 죽이며 얻는 쾌락은 동등하다'일 것이다. 근거는 무엇일까? 그건 아마도 자기 성찰과 교육일 것이다. 그러나 이 논증은 설득력이 없는 궤변일 뿐이다. 1) 전시 상황과 같은 불가피한 상황이 아닌 경우, 사람을 죽여도 된다는 주장은 모든 문명사회에서 법적으로나, 윤리적으로 허용되지 않는다. 즉, 이를 옹호하는 교육은 없다. 2) 자기 성찰은 객관적인 근거로 적합하지 않다. 단지 '내가 생각해 보니 그렇기에' 달에 생명체가 있다고 주장한다면, 그 주장은 설득력이 없다.

두뇌 손상도 없이, 자기 신념(비록 설득력은 없지만)을 '의식적'으로 인지하고 확신하는 번디는 분명 파크스와 달리 '스스로 선택한 범죄자'인 것으로 보인다. 두뇌 손상이 확인된 박춘풍의 경우 논란의 여지가 있지만, 번디의 경우 그렇지 않다. 자기 범행과 동기를 아주 객관적으로 인지하고 있으며, 그를 위해 특정한 범죄 수단을 골라 범행했기 때문이다.

다음과 같이 생각해 보자. 만일 이 세 사람이 사건을 일으키기 바로 직전으로 시간을 되돌린다면, 이 세 사람에게 다른 가능성이 열려 있을까?

파크스	박춘풍	번디
×	?	?
비극적인 사건이 발생하기 직전으로 시간을 되돌려도 같은 행동을 반복했을 것이다. 원인과 결과에 의해 일어난 전형적인 사건이었기 때문이다.	공감능력과 충동억제 기능과 관련된 전전두엽 부위에 손상을 입었다. 살인을 저지르기 직전으로 시간을 돌리면, 그에게 다른 선택을 할 가능성, 즉 범행 이외의 선택을 할 수 있는 가능성이 있을까?	두뇌 손상이 전혀 없는 번디의 경우 첫 살인을 저지르기 이전으로 시간을 되돌린다면, 그가 다른 선택을 할 가능성은 있을까?

[표 1] 시간을 되돌린다면 살인범들에게 다른 가능성이 있을까?

파크스의 사례는 크게 논란이 되진 않았다. 뇌과학 연구에 의하면, 몽유병 상태에 있는 한 의식적 사고는 할 수 없기 때문이다. 이에 반해 박춘풍과 번디의 사례는 논란의 여지가 있다. 두 사례 모두 의식적 사고는 정상적으로 작동했다. 그리고 파크스와 달리 진술 확보를 통해 '멘스 레아'에 해당하는 내용까지 알아낼 수 있다. 즉, 박춘풍과 번디는 의식적으로 어떤 의도를 마음에 품었고, 그 의도를 실현하고자 의식적으로 계획했다.

누군가는 쉽게 결론을 내릴지 모른다. 의식적으로 의도와 계획을 품어 실현한 범죄자는 비난받아 마땅하다고 말이다. 아직 그런 결론을 내리기는 이르다. 다음의 물음을 한번 생각해 보자.

만일 범행을 일으킨 원인이 그들의 '의식'이 아니라면? 그들의 의식
적 의도와 계획이 '진짜 원인'이 아니라면? 그 모든 게 두뇌 작용의 결
과물이라면?

하늘 위를 날아가는 풍선을 생각해 보자. 땅에는 풍선의 그림자
가 있다. 그림자가 "야호 신난다. 내가 풍선을 완벽하게 조종하고 있
어. 멋지지 않아?"라고 말한다 해도, 아무도 그 말이 진리라고 믿지
않을 것이다. 풍선의 그림자는 풍선에 그 어떤 인과적 힘도 행사할
수 없기 때문이다. 그림자는 풍선의 속도, 방향, 높이 등의 변화에
아무런 영향을 주지 못한다. 오히려, 그림자는 풍선에 의존한다. 풍
선이 터지면 그림자도 사라진다.

이와 마찬가지로, 범죄자의 의식은 풍선의 그림자와 같은 지위를
갖고 있을 수도 있지 않을까? 박춘풍의 두뇌 손상은 그가 '정상적인
뇌'를 갖고 있다고 보기 어렵게 한다. 번디를 키운 조부는 알코올 중
독자에 심한 인종차별주의자였기에, 어린 번디에게 악영향을 주었
을 것이다. 그런 조건들이 그들의 기질적 특성과 맞물려 원인으로
작용해 특정한 '결과값', 즉 살인 행위를 낳도록 만든 건 아닐까? 그
들의 의식은 허상이지 않을까?

가지 않은 길

시인 프로스트 Robert Frost, 1874-1963의 '가지 않은 길'에 등장하는 화자에게도
다른 길, 즉 많은 이들이 지나간 길을 선택할 가능성이 열려 있을까?

뭔가 불길하게 들릴 수도 있다. 범죄자의 의식만 허구라는 주장이
사실 우리 모두에게 해당한다고 주장한다면 말이다. 우리는 수많은
'의식적 선택'을 하면서 살아왔다. 반찬 재료를 선택하는 사소한 일
부터 여행지, 휴일에 볼 영화, 업무상의 계약, 약속 등등 선택의 종
류는 헤아릴 수 없이 많다. 이들의 공통점은 선택의 이유가 있다는
것이다. 선택의 이유는 누군가가 왜 그런 선택을 했는지에 대한 물
음에 대한 답을 준다.

영희: 여름휴가를 왜 도서관에서 보내기로 했어?
영수: 지난번에 운동하다가 발목을 다쳐서 아직 오래 걷기가 좀 불편
한 데다가 더위를 많이 타기도 하고, 읽고 싶은 책도 몇 권 있어
서 시원한 지역 도서관에서 시간을 주로 보내기로 했어.

영수는 지역 도서관에서 여름휴가를 보내기로 한 자신의 결심에
대해 이유를 언급하고 있다. 1) 오래 걷기 불편함 2) 더위를 많이 탐
3) 책을 읽고 싶다는 것이 그것이다. 이 가운데 1)과 2)는 믿음 Belief에

장 무엇이 문제인가? 33

해당하고, 3)은 욕구^{Desire}에 해당한다고 분류할 수 있다. 이에 따라 영수의 진술을 다시 표현하자면 다음과 같다.

나는 여름휴가를 도서관에서 보내고자 한다. 왜냐하면, 내가 현재 오래 걷기 힘들고, 더위를 많이 탄다고 믿고 있기 때문이다. 그리고 몇 권의 책을 읽고 싶기 때문이다.

그림 1은 선택의 상황에 직면했을 때, 하나 이상의 선택지가 가능한 상황을 도식적으로 보여준다. 영수에게는 제주도 여행이나 집에 머물기 등 여름휴가를 어떻게 어디서 보낼지에 대한 몇 가지 선택지가 있을 것이다.

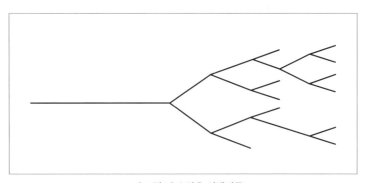

[그림 1] 수많은 선택지들

영수의 사례는 앞에서 본 극단적인 사례와 달리 매우 일상적이다. 영수는 특정한 이유로 인해 의식적으로 특정한 선택을 했다. 만약 영수가 여름휴가를 도서관에서 보내는 결정을 하기 직전으로 시간을 되돌린다면, 그에게 다른 선택을 할 가능성이 있을까? 모든 건 마음 먹기에 달려있다고 믿으며 살아온 사람이라면, '당연하지!'라고 생각할 것이다. 마음만 먹는다면 영수는 다른 선택을 할 수 있을 것이다. 그는 심지어 걷기가 불편하지만, 도보 여행에 도전할 수도 있다. 번디가 비난받고 가린샤가 찬사받는 이유는 모두 그들이 다른 마음을 먹었기 때문이다. 만일 번디도 다른 마음을 품었다면, 어느 정도 성공한 정치인으로 살 수도 있었다. 가린샤 역시 나쁜 마음을 품었다면 악행을 저지를 수도 있었다. 모든 건 마음 먹기 나름이다.

반면, 누군가는 이미 영수에게 모든 가능성은 닫혀있다고 생각할 것이다. 영수가 여름휴가를 도서관에서 보내기로 선택한 건 이전까지의 원인-결과 사슬 때문이다. 따라서, 시간을 되돌린다고 해도 특정한 원인-결과 사슬을 바꿀 수 없는 한, 영수는 같은 선택을 할 것이다. 원인-결과 사슬을 바꾸는 건 불가능하다. 그 원인의 끝은 빅뱅까지 거슬러 가기 때문이다. 음식에 대한 호오나 취향과 성격, 그리고 모든 의식적 선택까지 우리가 인생에서 내리는 모든 결정은 그런 식으로 이미 닫혀있다.

그렇다면, 문제는 다음과 같다. 1) 의식적 선택은 이미 결정된 것인가? 아니면, 결정되지 않은 것인가? 2) 어느 쪽이든 이 주장을 설득력 있게 뒷받침하는 근거는 무엇인가?

세 입장 및 편견들

위 물음을 가만히 생각해 보면, 누구나 몇 가지 논리적인 답을 찾아낼 수 있다. 우선 인간의 의식적 선택은 이미 결정된 결과물이라는 견해가 가능하다. 앞으로 우리는 이 견해를 결정론Determinism이라고 부를 것이다. 두 번째, 어떤 의식적 선택은 이전의 원인에 의해 먼저 결정되지 않는다. 즉 다른 선택을 할 가능성이 존재한다고 보는 견해가 가능하다. 이 견해를 자유론Libertarianism이라고 부를 것이다. 세 번째는 양립론Compatibilism이라 부르는 견해로, 의식적 결정은 이미 결정되어 있지만 그것을 자유로운 선택이라고 부를 수 있다고 주장한다. 현대 물리학이나 뇌과학의 관점에서 자유의지 문제를 바라보더라도, 크게 이 세 입장 중 어느 한 입장을 옹호하고, 나머지 입장을 비판할 수밖에 없다.

자유의지에 대한 탐구는 크게 이 세 견해의 등장과 충돌이라고 할 수 있다. 많은 이들이 '과학의 발전만으로 이 문제 중 어느 견해가 진리인지 알 수 있다'고 생각한다. 그러나 이는 옳지 않다. 앞으로 보겠지만, 자유의지 문제는 철학, 물리학, 신경과학, 수학, 공학 등과 같은 다양한 학문 분야와의 협업을 요구한다. 말 그대로 인류 지성을 대표하는 난제이다. 또한 어떤 이들은 결정론이 이미 옳은 것으로 판명이 났다고 생각한다. 그러나 이 역시 섣부른 판단이다. 우리는 앞으로 결정론의 대표적 논증을 비판적으로 검토해 볼 예정이다. 또 다른 편견 중 하나는 과학자들은 모두 결정론을 옹호할 거라는 생각이다. 말 그대로 편견이다. 과학은 자유의지 문제를 홀로 해결할 수 없으며, 과학이 곧 결정론의 승리를 보장해주지도 않는다. 과학자라도 자유론이나 양립론을 지지하는 경우도 있다.

상식 UP

일상에서 '자유롭다'는 표현은 보통 행위의 자유^{Freedom of Action}를 의미한다. 내가 영화를 볼 시간과 돈이 있다면, 영화를 볼 자유가 있다. 만일 보트를 타고 싶지만, 돈과 시간이 없다면, 보트를 탈 자유가 없다. 바다로 여행을 가고 싶지만, 감옥에 있다면 여행을 갈 자유가 없다. 투표를 하고 싶어도 고대 그리스에 노예로 살고 있다면, 투표의 자유가 없다. 행위의 자유는 사회적, 정치적 의미로서의 자유이다.

반면, 의지의 자유^{Freedom of Will}는 더 근본적인 의미로서의 자유이다. 즉, 어떤 것을 선택할 수 있는 능력^{Capacity}을 의미한다. 누군가가 돈도 시간도 넉넉하지만, 공감능력이 매우 부족하다면, 타인을 돕는 선택을 할 가능성은 낮다. 누군가 마약에 심각하게 중독되어 있다면, 선한 선택을 할 능력이 거의 상실된 상태라고 봐야 한다. 이 경우 근원적 의미에서의 자유, 즉 의지의 자유가 없는 상태이다. 철학, 심리학, 과학 분야에서 난제로 남아있는 자유란 바로 '의지의 자유'다.

당신은 자유로운가

시간을 되돌린다면,
걷지 않은 길을 걸을 수 있을까?
못된 말을 거두고,
받지 않을 상처를 피하고,
부끄러운 실수를 하지 않을
그런 가능성이 있을까?

탐구의 기원:
고·중세 편

탐구의 기원
: 고·중세 편

호머의 영웅들

엘레우테리아Eleutheria

자유의지Free Will라는 개념은 고대에 없었다. 현대적 의미의 자유의지 개념은 보통 아우구스티누스에게 빚지고 있다고 본다. 그러나 특정 개념이 없었다고 해서, 특정 문제의식에 대한 인지나 이해가 전혀 없었다고 볼 수는 없다. 예를 들어, 발달심리학적으로 보통 3세에서 6세 사이에 자아인지가 발달한다. 그러나 3세 이전에 개념적인 자아 이해가 없었다고 해도, 자아와 피아를 구분하지 못한다고 말할 수 없는 이치와 같다. 그와 마찬가지로 고대의 문헌을 보면, 선택의 자유와 책임에 대한 이해가 어떤 식이었는지 짐작해 볼 수 있다.[8]

우선 고대 그리스 언어권에 큰 영향을 준 호메로스의 생각을 알아보자.[9] 피타고라스 이전에 등장한 시인 호메로스Homer, 기원전 약 800~기원전 약 700가 쓴 『일리아드』와 『오딧세이』는 고대 그리스어를 사용하는 그리스인들을 하나로 뭉치게 하는 데 결정적인 역할을 했다는 점에서 위대한 업적을 남겼다. 그런데, 특히 『일리아드』에 등장하는 헥토르나 아킬레우스 등의 인물을 보면 오늘날 우리의 기준에서 좀 이상한 점이 발견된다. 스스로 선택하고, 그에 책임을 지는 '자아'와 '자기 의지에 따른 선택'과 같은 이해가 없기 때문이다. 다음 구절을 보자.

"나는 아닙니다. 내가 이런 짓을 한 탓은 나에게 있지 않고, 제우스와 나의 운명과 어둠 속에서 헤매는 에리뉘스(Erinys, 복수의 여신)에게 있습니다. 내가 아킬레우스에게서 명예의 선물을 손수 빼앗던 바로 그날, 바로 그들이 회의장에서 내 마음속에 사나운 아테(Ate)를 보냈기 때문이지요. 신이 모든 일을 이루어 놓으셨는데 난들 어쩔 수 있겠습니까?"

(일리아드 18.86)

---

8) 여기서는 고대 그리스의 사상가들만 한정해 알아보도록 하겠다. 그 이유는 보통 고대 그리스를 철학이 출발한 시기로 보기 때문이다(이에 관해서는 7장 참조).
9) 호메로스의 자유 개념에 대한 이해는 호메로스의 영웅들의 행위를 통해 본 자유와 책임(김은중, 카톨릭 철학 제8호, 2006, 15~51쪽)의 도움을 받았다.

위 구절은 아킬레우스가 자신이 점령한 도시에서 데려온 브리세이스라는 여인을 아가멤논이 빼앗고, 그를 비난하는 상황 속에서 자신을 변호하는 내용을 담고 있다. 여기서 아테^{Ate}는 '망상과 어리석음'의 신이다. 즉, 아가멤논은 자신의 행위, 즉 브리세이스를 빼앗은 행위가 자신의 선택이 아닌 '망상과 어리석음'의 신이 개입한 결과라고 자기변호를 하는 셈이다. 이런 생각은 단지 아가멤논의 생각이 뭔가 삐뚤어져 나온 결과물이 아니다. 호메로스의 세계관에서 행위를 스스로 선택하고, 그에 책임을 지는 자아 개념은 아직 등장하지 않기 때문이다.

호메로스 시대에 자유를 뜻하는 단어가 없진 않았다. 엘레우테리아^{Eleutheria}와 아우토스^{Autos}가 있었다. 우선 엘레우테리아는 고대 그리스 문헌에 총 974회 등장하며, 호메로스의 작품에서는 총 4회 등장한다.[10] 그 구절들을 보면, 자유롭다는 표현은 트로이 사람이 트로이에서 주인으로서 삶을 지속하는 것을 의미한다는 걸 알 수 있다. 전쟁으로 노예가 되어 트로이를 떠나야 하거나 타민족에게 정복당해 종속되게 된다면, 자유롭지 않은 상태가 된다. 호메로스의 작품에는 예속의 날$^{Doulion Emar}$과 운명의 날$^{Emar Anankaion}$이 자유의 날과 반대되는 의미로 사용되었다.

그러면, 노예의 상태에 처했을 때, 거기서 벗어나려는 '의지의 자유에 대한 생각은 하지 않았을까? '트로이인들이여. 자유를 찾고자

---

10) www.perseus.tufts.edu 통계 참조

하거든 여기로 모여라. 우리 힘을 모아 트로이를 회복하자!'라고 외치고, 그에 각 개인이 스스로 동참하려는 의지 말이다. 놀랍게도 호메로스의 작품에 그런 생각은 엿보이지 않는다. 개인과 개인의 자유보다 필연^{Ananke}과 운명^{Moria}이 더 강한 힘을 발휘했다. 내가 이런 삶을 사는 이유, 내가 이런 행위를 하는 이유는 필연이거나 운명 때문이라는 사고방식이 강한 힘을 발휘한다는 것이다. 가령, 헥토르는 전사하면서 전리품이 될 아내 안드로마케를 향해 '강고한 아낭케^{Ananke}가 그대를 엄습할 것'이라고 말한다. 노예화를 어쩔 수 없이 받아들여야 하는 필연적인 사건으로 인식하고 있음을 알 수 있다. 이는 자유의 날에 관한 생각에 그대로 반영된다. 자유를 얻든 얻지 못하든, 모두 필연이고 운명이다.

아우토스^{Autos}

그렇다면, 호메로스 시대에는 자기 자신을 가리키는 단어가 없었을까? 애초에 의지를 발휘한 무언가가 없다면, 책임을 묻는 일조차 무의미해진다. 우리가 무언가에 책임을 물을 수 있는 이유는 시간이 지나도 변하지 않는 행위자인 자신이 존재한다고 믿기 때문이다. 이런 변화 속에서 변하지 않는 자체성$^{Auto\ to}$ 개념에 대한 탐구는 플라톤에 이르러서야 본격적으로 발전하기 시작한다.

아우토스^{Autos}는 호메로스의 작품에서 개체성을 의미하는 단어로 사용되고 있다.[11] 이 단어는 사전적으로 다양한 뜻이 있는데, 세 구절만 보도록 하자.

"그러니 모두 <u>스스로</u> 오시오"(일리아드, 17.254)
: 여기서는 말 그대로 스스로의 뜻으로 사용되었다.
"그래서 튀데우스의 아들은 홀로 선두 대열 속으로 뛰어 들어가"
(일리아드, 8.99)
: 여기서는 '홀로'라는 뜻으로 사용되었다.
"그녀는 또한 뛰어난 분별력도 <u>그 *자신에게*</u> 있기에"(오디세이, 7.73)
: 여기서는 '그 자신에게'를 의미한다.

아우토스라는 단어가 다양한 의미로 사용되고 있다는 사실과 그 의미를 살펴볼 때, 호메로스의 시대에는 아직 시간 속에서도 동일한 '자기 자신'이라는 생각이 적어도 개념적으로는 없었다고 추측해 볼 수 있다. 아우토스가 '그 자신에게'라는 의미로 사용될 때 역시, 생각과 행위의 주체로서의 '자기 자신' 혹은 '자아'를 의미하지 않는다. 단지 어떤 물건이 ~의 것이다와 같이 귀속성을 의미할 뿐이다. 이런 이유로 스넬$^{Bruno\ Snell,\ 1896~1986}$은 호메로스가 아직은 스스로

---

11) 호메로스의 작품에서 아우토스는 1,215회 사용되었다.

결단을 내린다는 의미를 알지 못했고, 그의 작품에는 '자아'에 해당하는 말이 없다는 결론을 내린다.

스스로 결단을 내리는 자아 개념이 없었기 때문에, 호메로스 시대에는 자유롭게 선택할 수 있는 능력으로서의 자유에 관한 생각 역시 있을 수가 없다. 여기서 우리는 자유의지에 대한 이해가 자아에 대한 이해와 맞물려 있음을 알 수 있다. 타인이나 공동체와는 독립적인, 개인으로서의 '나'에 대한 생각이 없으면, '나의 선택'이라는 생각도 하기 어렵다. 생각하고 행동하는 주체로서의 자아에 관한 생각과 함께 선택의 자유와 책임에 관한 생각도 맞물려 발전하게 된다. 우리는 그 발전의 흔적을 플라톤에게서 볼 수 있다. 이는 갓난아이가 커가면서 서서히 자신을 생각과 행위의 주체로 이해하고, 자신을 통제하는 법을 배워나가는 과정과 비슷한 측면이 있다.

사고력 UP

생각과 행위의 주체로서의 자아 개념이 없던 호메로스 시대는 그렇지 않은 현대에 비해 어떤 앎이 부족했다고 봐야 할까? 아니면, 단지 '다른 세계관'을 가진 것일 뿐이라고 봐야 할까? 지식의 진보가 있었다고 봐야 할까? 아니면, 그냥 상대적으로만 옳고 그른 세계관들만 있다고 봐야 할까?

피타고라스와 영혼

대학에서 철학 입문 수업을 하던 중, 그날 발표를 맡은 조원들이 준비한 발표문을 대형 스크린에 띄웠다. 그리고 그들은 '사망증명서' 견본을 우리에게 보여주며 발표를 시작했다. 나는 처음으로 '사망증명서'를 보게 된 그 순간을 잊을 수가 없다. 그 증명서의 등장이 너무 강렬해서 발표 흐름을 자칫 놓칠 정도였다.

사망증명서			
성명		주민등록번호	
성별		세대주관계	
사망일시			
사망장소			
사망종류			
사망원인			

위와 같이 진단함

2XXX년 월 일

의사 ○○○(인)

[그림 2] 사망증명서

언젠가 저 성명란에 나의 이름이, 당신의 이름이 쓰인다! 그 누구도 그 순간을 피할 수가 없다. 즉, 우리는 언젠가 죽는다. 다만 언제, 어디서, 어떻게 죽을지, 저 성명란에 나의 이름을 기재하는 사람이 누구일지 모를 뿐이다. 어떻게 보면, 저 증명서는 한 장의 종이일 뿐이다. 우리가 단순한 종잇조각에 묘한 느낌을 받는 이유는 언젠가 우리는 죽는다는 사실을 명확하게 인지하게 되기 때문일 것이다. 그 종이로부터 시선을 돌리지 않는 한, 나는 그 종이를 계속 보게 되며 마치 최면에 걸린 듯 내가 죽는 그 순간을 상상하게 된다. 당신에게는 많은 물음이 떠오를지도 모른다. 죽는다는 건 마냥 나쁘기만 할까? 인간의 평균 수명이 몇백 년 더 늘어나면 과연 더 행복할까? 영원히 죽지 않을 수 있다면 행복할까?

그런데, 그 전에 답해야 할 물음이 있다.

저 성명란에 나의 이름이 기재되면, 즉 내가 죽으면,

나의 삶은 어떻게 되는가?

이 물음에 누군가는 "내가 죽으면 내 삶도 끝나는 게 당연하지!"라고 확신에 차서 말할 테고, 또 누군가는 "죽음은 끝이 아닌 새로운 시작이다. 내 영혼은 어딘가에서 계속 살아가고, 먼저 죽은 이들과 재회할 수도 있을 거야"라고 고백하듯 말할 것이다. 당신의 생각은 어떠한가?

우선 이 불편한 물음을 통해 우리가 확실하게 알 수 있는 사실은 무엇인가? 적어도 둘 중 어느 한 입장은 옳다는 게 아닐까? 즉, 내가 죽으면 그걸로 내 삶도 끝난다는 입장이 옳거나, 그 반대의 입장이 옳거나 둘 중 하나는 옳다는 사실이다. 그렇다면 어떤 입장이 옳을까?

이 물음은 단순히 킬링타임용 물음이 아니다. 영혼이 실제로 존재하며, 그 사실이 진리임을 믿는 사회와 그렇지 않은 사회의 구성원들은 다른 인생관을 가질 확률이 높다. 즉, 영혼의 존재는 삶을 대하는 당신의 태도에 직간접적으로 영향을 미치는 중대한 문제이다. 역사적으로, 이 물음과 관련하여 크게 두 입장이 있다.

1) 영혼은 있다

인간은 육체 외에 영혼이 결합한 결과물이다. 영혼은 신체와 다른 성질을 지니며, 신체가 죽어도 영혼은 죽지 않고 개인의 모습과 기억을 지닌 채로 다른 삶을 산다.

2) 영혼은 없다

인간은 물질적 재료가 구성된 생물학적 유기체에 불과하며, 설령 '마음' 혹은 '의식'이란 게 있다 하더라도 그건 어디까지나 두뇌활동의 결과물일 뿐이다. 하물며, 영혼은 존재한다고 볼 수 없다.

이 두 입장은 시대와 문화권을 초월하여 인간의 문명이라면 언제, 어디에서나 충돌하고 있다. 예를 들어, 『장자(莊子)』의 〈지락〉 편에서는 아내가 죽었지만, 악기를 두드리며 노래를 부르는 장자의 일화가 나온다. 문상을 온 혜시가 그 모습을 이상히 여겨 그 이유를 묻자, 장자는 원래 삶도 형체도 없었는데, 자연에서 와서 자연으로 다시 돌아갔으니 슬퍼할 이유가 없다고 말한다. 인간의 출생과 죽음은 꽃이 피고 지는 자연현상에 지나지 않는다는 생각이다. 여기에 '영혼'과 같은 불가사의한 존재가 끼어들 틈은 없다. 이런 입장을 보통 자연주의Naturalism라고 부른다. 즉, 인간은 생명체이며, 복잡한 물리적, 전기화학적 작용으로 소위 '마음', '의식'이란 게 생겨날 수 있지만, 이를 초월한 '영혼'과 같은 존재는 있을 수 없다는 입장이다(자연주의적 인간관은 과학, 특히 신경과학의 발전으로 더 정교해졌다. 이는 이후 장에서 다시 다루도록 하겠다).

그러나 다른 한 편, 인간은 육체에 영혼이 깃든 존재라는 믿음도 강한 영향력을 발휘해 왔다. 이런 믿음, 나아가 사상의 뿌리는 무엇일까? 우리가 철학자 피타고라스Pythagoras, 기원전 약 570년~기원전 약 496년를 알아보고자 하는 이유가 여기에 있다. 피타고라스는 그리스의 사모스섬에서 태어났으나 당시 참주였던 폴리크라테스와의 정치적 갈등으로 약 40세쯤 이탈리아 남부의 크로톤으로 이주했다고 전해진다.

물론 영혼이 실제로 존재한다는 입장, 즉 영혼 실재설을 최초로 주장한 사람은 누구인지 모른다. 피타고라스 역시 이전부터 전해오던 오르페우스교의 영향을 받았다고 전해지며, 오르페우스교 역시 그런 입장을 최초로 생각해낸 단체가 아닐 가능성이 높다. 아무튼 피타고라스는 개인마다 각자의 영혼이 있다고 가르쳤다. 이 영혼은 어떤 다른 세계에서 자유롭게 살던 존재인데 죄를 짓게 되어 육체에

간혀 벌을 받고 있다는 것이다. 영혼이 다시 육체에서 벗어나기 위해서는 일종의 정화 활동이 필요하다. 그 방법은 콩과 같은 특정 음식은 먹지 않고, 체조를 통해 영혼이 신체를 조절하는 방법을 터득하며, 음악을 들으며 음의 조화에 귀 기울이고, 수학과 철학(지식을 탐구하는 활동)에 몰두하는 것이다.

어쩌면 피타고라스의 주장이 그리 와닿지 않을지도 모르겠다. 2000년도 훨씬 지난 사람의 신념일 뿐이며, 근거와 증거도 없는 신화나 미신에 불과하지 않은가? 그러나 학술의 세계에서 속단은 항상 조심해야 한다.

우리는 '~에 대해 책임을 진다'라는 표현을 이해한다. 어떤 상황에서 그 표현을 사용해야 하는지 알며, 만일 그런 표현을 사용해야 할 때 사용하지 못한다면 감정적인 반응을 일으킬 것이다. 테드 번디의 예를 다시 생각해 보자. 그는 자신의 범죄에 대해 '후회하고 책임지겠다'라는 표현을 진심으로 사용한 적이 없다. 오히려 전기의자에서 생이 끝나는 순간까지도 범행을 뉘우치지 않았다.

번디뿐만 아니라 우리는 모두 자기 행위의 장본인이다. 우리가 그렇게 하려고 마음먹지 않았다면 그런 사건은 일어나지 않았을 것이다. 예를 들어, 내가 누군가의 논문을 표절하려고 하지 않았다면 '논문 표절'이란 사건은 발생하지 않을 것이다. 우리는 이런 생각을 '상식'으로 간주한다. 더 나아가 이런 생각은 법의 근본 전제 중 하나이기도 하다. 한국에서 악용되는 경우가 있긴 하지만 '심신미약', '심신

상실'에 의한 행위에 무죄나 감형을 선고하는 이유도 각자가 자신의 행위를 일으키는 장본인이라는 믿음 때문이다. 두 경우는 어떤 이유에서든 장본인으로서의 능력이 상실된 상태라는 생각이다.

그러면 이런 생각은 어디에서 왔을까? 어쩌다 보니 우연히 우리 사회의 상식으로 자리 잡게 된 것일까? 아니면, 단순히 범죄를 저지른 인간들을 처벌하기 위한 구실로 머리 좋은 몇몇 법학자들이 고안해낸 일종의 발명품일까? 놀랍게도 '영혼'에 대한 믿음이 이 물음에 대한 실마리이다.

피타고라스의 영혼에 대한 믿음은 인류 지성사에 새로운 사유의 가능성을 열어주었다. 만일 개별 인간에게 영혼이 있다고 가정해 보자. 그 영혼은 한 사람의 외모, 성격, 기억 등과 같은 개인적인 특징을 고스란히 갖고 있다. 누군가가 죽어도 그게 끝이 아니다. 왜냐하면, 그의 영혼은 계속 남아서 다른 삶을 이어 나가기 때문이다. 범죄자 번디는 죽었지만, 그의 영혼은 남아서 삶을 이어 나가고 있다. 번디의 범죄 행위는 번디라는 육신의 죽음과 함께 사라지지 않고, 그의 영혼과 함께 계속 남아 있다. 이는 무엇을 의미하는가? 결국 피타고라스의 영혼 사상은 개인의 탄생을 의미한다. 생각하고 행동하는 바로 그 사람, 즉 개인에 관한 생각이 영혼 실재론과 함께 싹트기 시작한 것이다.

어린 시절 보았던 전래 동화 『장화홍련전』을 생각해 보자. 억울하게 죽은 장화와 홍련이 사또 앞에 나타난다. 이런 이야기가 우리에게 호소력을 갖는 이유는, 기본적으로 억울한 사건의 피해자는 그 누구도 아닌 장화와 홍련 개인이라는 사실과 범인은 그 누구도 아닌 계모 허 씨 부인이라는 사실 때문이다. 계모가 장화와 홍련을 직간접적으로 죽음에 이르게 한 장본인이기에, 장화와 홍련은 영혼으로 나타나 사또에게 허 씨 부인이 책임을 지도록 만든다. 마침내 허 씨 부인의 범죄가 만천하에 공개될 때, 독자는 강한 설득력과 쾌감을 느낀다. 여기서 우리는 행위의 주체로서 개인을 믿으며, 그 개인은 자신의 행위에 책임을 져야 하고 질 수 있는 존재로 간주함을 엿볼 수 있다.

피타고라스가 인류 지성사에 이바지한 부분은 바로 행위의 장본인, 책임이 귀속할 수 있는 주체에 대한 사상을 발전시킬 수 있도록 해줬다는 데에 있다. 물론 근세에 이르러서야 개인, 주체, 자유, 책임이라는 개념이 본격적으로 활발하게 논의되기 시작한다. 그러나 근세 철학자들의 논의는 피타고라스, 그리고 그의 영혼 사상을 그대로 수용한 플라톤과 같은 철학자들이 호메로스의 세계관과 결별하면서 이뤄낸 사상적 성과에 빚지고 있다.

피타고라스가 영혼에 대해 남긴 저술이 남아있지 않아 확실하지 않지만, 플라톤에 이르러서야 영혼이 실제로 존재한다는 주장을 증명하려는 시도가 등장하며, 이러한 시도는 중세의 철학자들과 근세의 데카르트$^{René\ Descartes,\ 1596\sim1650}$를 거쳐, 비록 소수이긴 하지만 현대의 일부 기독교 철학자들에게까지 이어지고 있다.

명제[Proposition]란 참과 거짓을 판별할 수 있는 문장이다. '서울은 대한민국의 수도이다'는 참인지 거짓인지 알 수 있으므로 명제이다. '토성의 위성 타이탄에 생명체가 산다' 역시도 명제이다. 반면, '오늘 날씨 참 기분 좋다', '여행지로는 제주도가 제일 좋더라'와 같이 개인의 주관적인 감정, 느낌 등은 명제가 될 수 없다. '착하게 살아야 한다', '길고양이를 함부로 해쳐서는 안 된다'와 같은 윤리 주장은 윤리 입장에 따라 다르긴 하지만, 보통 '윤리 명제' 혹은 '당위 명제'라고 부른다.

근거를 제시하여 주장이 설득력 있음을 보여주는 과정을 정당화[Justification] 과정이라고 한다. 정당화는 보통 '왜냐하면', ' 때문에', '그런 이유로', '그래서' 등을 사용하여, 주장에 근거를 제시한다.

> **정당화의 예**
> 침팬지, 오랑우탄, 돌고래, 코끼리도 인간처럼 자기의식을 갖고 있다(주장). 왜냐하면, 그들도 거울에 비친 모습이 자기 모습이라는 것을 알아보기 때문이다(근거).

논증[Argument]이란 주장에 해당하는 명제와 근거에 해당하는 명제들의 집합이다. 위의 예문에서 '침팬지, 오랑우탄, 돌고래, 코끼리도 인간처럼 자기의식을 갖고 있다'가 주장에 해당하는 명제이고, '그들도 거울에 비친 모습이 자기 모습이라는 걸 알아보기 때문이다'가 근거에 해당하는 명제이다. 정리하자면, 정당화 과정에서 논증은 꼭 필요하며, 논증은 명제로 이뤄져 있다. 이 개념들은 학술 활동을 만드는 중요한 요소이며, 대한민국의 공교육은 좋은 논증을 구사하는 훈련에 더 관심을 가질 필요가 있다.

이를 악플로 인한 사회적 피해와 연관해 생각해 보자. 기본적으로 주장을 표현하기 전에 그 주장을 뒷받침해주는 객관적인 근거가 무엇이며, 설득력이 있는지 생각하는 태도가 몸에 배어 있다면, 악플을 결코 쉽게 달지 못할 것이다.

탈옥하지 않은 소크라테스

우리는 호메로스의 작품을 검토해 보면서, 자유의지 문제가 자아의 문제와 연관되어 있음을 알게 되었다. 자아가 없다면, 자유로운 선택도 있을 수 없다. 우리는 행위 주체로서의 자아를 행위자Agent라고 부른다. 행위자를 무엇으로 이해하든, 행위자가 없으면 행위는 없다. 파크스의 사례에서 봤듯이, 행위Action는 행동Behavior과 달리 행위자의 의식적 의도가 개입된 결과라는 점도 살펴보았다.

플라톤Plato, 기원전 428~기원전 348은 피타고라스의 영혼 사상에 영향을 받았다. 플라톤은 종교적 믿음에 가까웠던 피타고라스의 영혼을 논증으로 증명하고자 했다. 영혼이 있다는 믿음에 객관적 근거가 있다는 플라톤의 혁신적인 발상 때문에, 인간이 서로 다른 기원과 성격을 갖는 육체와 영혼으로 이뤄진 존재라는 견해, 즉 이원론은 지성사에 본격적으로 이름을 알리기 시작한다.

기원전 약 427년경 아테네에서 태어난 플라톤의 본명은 아리스토클레스였다고 하며, 이후 '넓다'는 의미의 '플라톤'이란 이름을 얻게 되었다고 한다. 운동과 시 쓰기를 즐기던 스무 살 플라톤에게 자신의 일생을, 그리고 서구 지성의 역사를 뒤바꾸게 만든 전환점이 왔다. 바로 60세가 넘은 소크라테스Socrates, 기원전 470~기원전 399를 만난 일이다. 플라톤은 사람들과 토론에 열중하는 소크라테스의 모습에 사로잡힌다.

『파이돈』은 플라톤의 중기 작품이다. 이 책이 흥미로운 이유는 피타고라스까지만 해도 종교적인 믿음의 대상이었던 영혼의 존재와 본성에 대한 최초의 합리적인 논증이 제시되었다는 점 때문이다. 얼핏 관찰 불가능한 대상이 어떻게 합리적인 논의의 주제가 될 수 있느냐는 생각이 들 수도 있다. 그러나 오늘날의 물리학 역시 직접적으로 관찰 불가능한 현상이나 대상에 대해 합리적인 연구를 한다는 사실을 생각해 볼 필요가 있다. 다중우주Multiverse가 그런 예이다. 물리적으로 우리 우주 '밖'을 관찰할 수는 없기에, 또 다른 우주의 존재에 대한 직접 증거는 얻을 수 없다. 그러나 다중우주 이론은 현대 물리학에서 진지하게 검토되고 있다.

또 다른 이유는 관찰 가능하지 않지만, 합리적인 탐구가 가능한 물음이 있기 때문이다. 예를 들어, 모든 것을 다 할 수 있는 신이 존재한다고 가정해 보자. 우리는 그 신에게도 할 수 없는 일이 있다는 걸 생각해 볼 수 있다. '둥근 사각형'은 만들어 낼 수 없지 않을까? 왜냐하면, '둥근 사각형'은 원과 사각형의 정의에 어긋나기 때문에, 전능한 신조차도 만들 수 없을 것이라 추론할 수 있다. 즉, 이 질문을 하기 위해 반드시 신을 관찰해 보거나, 직접 만나볼 필요가 없다.

억울하게 사형선고를 받고 죽음을 기다리는 늙은 소크라테스에게 제자와 친구들이 방문했다. 감옥으로 들어가던 그들은 소크라테스의 어린 자식을 품에 안고 울부짖으며 감옥 밖을 나가는 아내 크산티페의 모습을 마주한다. 얼마나 분위기가 무거웠을까. 하지만 춥고 어두운 감옥에서 절망에 빠져 있기는커녕 즐거워하는 소크라테스의 모습에 방문자들은 놀란다. 소크라테스는 자신이 영혼을 믿으며, 죽음은 새로운 삶의 시작이라고 고백한다. 그러자 케베스와 심미아스 [12]가 주도적으로 소크라테스에게 자신의 믿음을 '증명'해 보라고 부탁하고, 소크라테스는 이를 흔쾌히 받아들인다. 그렇게 그들은 영혼의 존재와 본성을 둘러싸고 최후의 논쟁을 벌인다. 죽기 직전까지 토론을 즐긴 소크라테스는 그야말로 뼛속부터 철학자였다.

이제 플라톤이 영혼의 존재와 본성을 증명하려고 사용한 전략 중 몇 가지를 알아보고 선택의 자유와 어떻게 연관되는지 알아보자.

대립자로부터의 논증 The Cyclical Argument	생성은 반대되는 것으로부터만 가능하다. 길어짐은 짧음에서 생성된다. 즉 짧음은 길어짐을 낳는다. 이와 마찬가지로 죽음은 생명에서 생성된다. 죽음은 생명을, 생명은 죽음을 생성시킨다. 인간의 죽음으로부터 생명이 나오며, 그 생명은 다시 죽음으로 이어진다. 영혼이 바로 이 생명이다. * 내세와 윤회 믿음을 옹호하는 논증이다.
상기에 의거한 논증 The Recollection Argument	삼각형의 정의에 대한 이해는 이 세상에 존재하는 모든 삼각형을 일일이 경험해봐야 얻는 지식이 아니다. 누구나 조금만 생각해봐도 삼각형의 정의를 이해할 수 있다. 즉, 어떤 지식은 우리에게 이미 갖춰져 있고, 우리는 그것을 단지 떠올리기만 하면 된다. 신체를 통한 경험 이전의 지식은 신체가 아닌 존재, 즉 영혼에 있었던 것이다.
유사성에 의거한 논증 The Affinity Argument	삼각형의 정의는 복잡한 요소들로 구성된 '복합물'이 아니라, 단일성을 지닌다. 즉, 요소들로 분해되지 않는다. 따라서 소멸하지 않는다. 영혼도 신체와 달리 부분들로 구성된 존재가 아니라, 단일하며, 따라서 소멸하지 않는다. 즉 부분들로 분해되어 소멸하는 신체와 달리 영혼은 불멸한다.

[표 2] 플라톤의 논증

---

12) 케베스와 심미아스는 테바이 출신의 인물들로, 소크라테스의 탈옥을 위한 돈을 들고 왔다고 알려졌다. 그러면서 철학 토론에 매우 진심인 사람들이었다.

물론 그동안 플라톤이 주장한 논증들의 약점은 충분히 검토되었다. 중요한 점은 플라톤의 논증이 절대적인 진리여야 할 필요는 없다는 것이다. 플라톤의 시도가 중요한 이유는 영혼의 존재와 본성을 종교적 믿음의 차원에서 합리적인 탐구의 차원으로 바라볼 수 있게 해주었다는 점이다.[13] 검토되지 않은 믿음은 종종 맹신을 낳는다. 우리는 수많은 역사적 사례를 통해 맹신은 불행과 비극을 낳는 원인이라는 사실을 알고 있다. 즉, 참인지 거짓인지 객관적으로 평가할 수 있도록 생각을 논증으로 제시한 점이 플라톤의 위대한 점이라는 것이다. 또 이것이 바로 학술 활동이다.

『파이돈』 98a에서 소크라테스는 의미심장한 지적을 한다. 케베스와 심미아스가 탈출 자금을 가져왔고, 탈출의 가능성이 있었음에도, 자기가 감옥에 앉아 있는 원인이 무엇인가? 그는 아낙사고라스의 생각을 빌려 다음처럼 말한다.

"내가 여기에 앉아 있는 것은 내 몸이 뼈들과 근육들로 이루어져 있는데, 뼈들은 단단하고 관절들에 의해 서로 분리되어 있는 반면, 근육들은 팽팽해지고 느슨해질 수가 있어서 이것들이 뼈들을 살들

---

13) 인간을 신체와 영혼의 결합물로 이해하는 실체 이원론은 21세기에는 소수의 철학자, 신학자만이 옹호하는 입장으로 평가받고 있다. 이에 대해서는 필자의 『철학자가 된 셜록 홈즈 - 현대 심리철학으로의 모험』 새물결플러스, 2018, 3장과 『신경과학 시대에 인간을 다시 묻다』 북코리아, 2020, 1장 참조

과 이것들을 유지시키는 피부와 함께 둘러싸고 있기 때문이라고 말할 걸세. 그래서 그 뼈들이 그것들의 관절들에서 들려졌을 때, 근육들이 느슨해지고 팽팽해짐으로써 어떤 식으로 지금 나의 사지를 굽힐 수 있도록 만드는 것이고, 이런 이유로 내가 여기에서 다리를 굽히고 앉아 있다는 것이지"[14]

간단히 말해서, 소크라테스가 감옥에 앉아 있는 원인은 뼈와 근육들이 '이러저러하게' 움직였기 때문이라는 것이다. 그러나 소크라테스는 이것이 진짜 원인이 아니라고 주장한다. 왜냐하면, 자신이 아테네 시민들의 판결에 따라 벌을 받는 일이 더 정의로운 일이라고 생각하지 않았다면, 메가라나 보이오티아 지방으로 도피했을 것이기 때문이다. 즉, 자신이 감옥에 앉아 있는 진정한 원인은 자신이 특정한 생각을 했기 때문이며, 이러한 생각으로 인해 자신의 뼈와 근육들이 '이러저러하게' 움직였다는 생각이다.

소크라테스의 이런 생각은 오늘날 원인^{Cause}과 행위 이유$^{Reasons\ for\ Action}$의 구분에 해당한다. 원인은 일반적으로 결과에 시간상 우선하는 사실^{Fact}, 사건^{Event}, 상태^{State}에 해당한다. 행위 이유는 행위자가 어떤 선택을 하기 위해 가졌던 믿음^{Belief}, 욕구^{Desire}에 해당한다.

---

14) 『파이돈』, 플라톤, 전헌상 역, 아카넷, 2020, 114쪽

1) 소크라테스는 아테네 시민의 판결에 따르는 일이 정의로운 일이
   라고 믿었다(믿음).
2) 소크라테스는 정의로운 일을 행하고 싶었다(욕구).

이런 행위의 이유로 소크라테스는 감옥에 앉아 있다. 소크라테스는 근육과 뼈 등이 있어야 감옥에 앉아 있을 수 있다는 점은 인정하지만, 이것이 진정한 원인은 아니라고 말한다.

소크라테스의 생각은 여기서 더 나아간다. 만일 근육과 뼈 등과 같은 신체가 아니라, 행위자의 생각이 진정한 원인이라면, 이 생각은 어디서 나오는 것일까? 21세기의 독자라면, "뇌에서!"라고 답할 것이다. 하지만 소크라테스의 생각에 따르면, 혹은 저자인 플라톤에 따르면, 뇌 역시 뼈나 근육과 같은 물질이다. 물질은 인간에게 행위를 하도록 강제할 수 없다. 신체에 명령을 내리는 존재, 즉 영혼이 바로 그 생각의 출처이다. 그래서 소크라테스는 다음처럼 말한다.

"그러면 어떤가? 이제 영혼은 완전히 반대로 작용하는 것처럼 우리에게 보이지 않나? 그것을 구성한다고 하는 저 모든 것들을 지배하고, 전 생애를 통해 거의 모든 것들에서 저항하며, 모든 방식으로 주인 노릇을 하는 것으로 말일세. 때로는 체육이나 의술에 따라서, 더욱 거칠고 고통스럽게 꾸짖기도 하고, 때로는 보다 부드럽게, 으르기도 하고 타이르기도 하면서, 욕망들과 충동들과 두려움들과 마치 서로가 다른

것들인 듯 대화를 나누면서 말일세"[15]

영혼이 신체에 어떤 인과적인 힘을 행사하는 존재라는 플라톤의 생각은 이후 서양철학에서 데카르트에게 전수된다. 그리고 20세기에 와서 플라톤과 데카르트의 이원론에 심각한 난점이 있다는 사실이 철학자들에 의해 드러나기 시작한다. 우리는 6장에서 이 내용에 대해 자세히 알아볼 예정이다.

아무튼 우리가 플라톤의 생각에서 알 수 있는 점은 의지의 자유를 탐구하기 위해서는 모종의 행위자를 전제할 수밖에 없다는 점이다. 플라톤은 이 점을 간파했고, 신체가 아닌 영혼을 그 행위의 주체로 보고 있다. 그리고 정당화 작업을 통해 이러한 주장을 학술의 경지로 끌어 올려 문서로 남겼다는 점에서 호메로스, 피타고라스보다 훨씬 발전했다고 할 수 있다.

---

15) 『파이돈』 플라톤, 전헌상 역, 아카넷, 2020, 106쪽

플라톤의 초기 작품은 소크라테스의 영향을 받아 '의무', '경건함', '용기', '우정' 등과 같은 주제를 다뤘다면, 중기 작품은 '영혼의 존재와 속성', '이데아와 그에 대한 인식', '좋은 공동체의 본성' 등과 같이 오늘날 형이상학, 인식론, 정치철학 등으로 불리는 심오하고 근본적인 주제를 다루고 있다. 후기 작품은 '지식의 정의', '우주론' 등을 다룬다. 다소 논란의 여지는 있지만 초, 중, 후기작에 대한 분류는 다음과 같다.

초기

- 소크라테스의 변론(법정에 선 소크라테스의 행적과 연설) · 크리톤(시민의 의무) · 에우테프론(경건함) · 라케스(용기) · 뤼시스(우정) · 카르미데스(절제) · 대 히피아스(아름다움) · 소 히피아스(비도덕적 행위) · 이온(시인들의 정체) · 메넥세노스(시민들의 훌륭한 삶)

중기

- 프로타고라스(덕의 전수 가능성) · 메논(덕의 본질과 교육) · 에우티데모스(소피스트 비판) · 크라틸로스(언어의 본성) · 고르기아스(수사학의 가치와 본성) · 파이돈(영혼의 존재와 특성) · 향연(사랑의 본성) · 파이드로스(진정한 수사학) · 폴리테이아(좋은 공동체)

후기

- 파르메니데스(이데아론) · 테아이테토스(지식의 정의) · 소피스테스(변증술의 본성) · 정치가(참된 정치가) · 필레보스(좋은 삶) · 티마이오스(우주의 기원과 본성) · 크리티아스(아틀란티스 제국의 흥망성쇠) · 법률(법의 본성과 중요성)

플라톤은 존재하는 것의 본성뿐만 아니라 지식, 아름다움, 교육, 공동체, 윤리, 법의 본성을 둘러싼 다양한 입장을 주도면밀히 분석하고 평가해 대안을 제시하는 등, 이후 서구 지성사의 지성인들에게 지대한 영향을 미쳤다. 사상가들이 쓰고 논한 모든 것은 플라톤에게서 나왔다는 에머슨[Ralph Waldo Emerson, 1803~1882]의 말은 결코 과장이 아니다.

아리스토텔레스의 통찰

'엘레우테리아'와 '엡 헤민'

철학자 니체는 의지의 자유라는 개념이 기독교인들의 발명품이라고 주장하였다. 나중에 알아보겠지만, 그에 따르면 의지의 자유 개념은 기독교인들이 강한 자들과의 투쟁에서 이기기 위해 고안한 이념적 도구이다. 한 사람에게 책임을 묻고, 죄인으로 만들기에 필수적인 개념이기 때문이다. 그러나 강한 자들은 책임이나 죄의 개념에 관심이 없다. 자신이 하고 싶은 대로 행할 뿐이다.

하지만 사상의 발전사를 자세히 살펴보면, 니체의 생각은 옳지 않음을 알 수 있다.[16] 기독교가 등장하기 이전, 즉 고대 그리스 시대에 이미 지성인들은 의지의 자유와 책임, 행위자의 문제에 관심을 두고 있었다. '의지의 자유'라는 개념은 아우구스티누스부터 오늘날의 의미를 얻게 된 것이 사실이지만, 그렇다고 이전에 이와 관련한 문제의식과 탐구가 없었던 것은 아니다. 플라톤에게서 이 사실을 확인해 보았다. 그의 제자이자, 고대 그리스 사상의 쌍벽을 이루는 아리스토텔레스는 오늘날의 학자들도 수긍하는 매우 날카로운 지점들을 발견하게 된다.

이전의 상식 UP에서 나왔던 행위의 자유Freedom of Action와 의지의

---

16) 아무리 유명한 철학자의 논증이라도 비판적으로 검토해봐야 한다. 그렇지 않다면, 철학이 아니라 종교가 되며, 탐구가 아니라 맹신이 된다.

자유$^{Freedom\ of\ Will}$의 구분은 아리스토텔레스의 날카로운 통찰에 빚지고 있다. 그는 『니코마코스 윤리학』에서 엘레우테리아^{Eleutheria}와 엡헤민$^{Eph'Hēmin}$을 구분해서 사용한다. 호메로스도 사용했던 엘레우테리아라는 단어를 아리스토텔레스는 주로 '정치적인 의미에서의 자유'의 의미로 사용한다. 가령, 당시 노예는 투표권을 가질 수 없었다. 그런 점에서 자유롭지 않았다. 엘레우테리아는 현대적인 용어로 '행위의 자유'에 가깝다. 하늘을 날고 싶지만, 인간의 생물학적 특성으로 하늘을 날 수 없다. 감옥에 있다면, 바닷가에서 보트를 타고 싶어도 그럴 수 없다. 무거운 짐을 들고 가는 노약자를 돕고 싶어도 내가 다리에 깁스하고 목발을 짚고 있다면 도울 수 없다. 이는 모두 행위의 자유가 없는 예에 해당한다. 즉, 행위의 자유는 하고 싶은 마음을 실현할 수 있는 제약이 없느냐, 있느냐의 문제다.

아리스토텔레스의 근본적인 생각은 자연 내에 두 가지 운동이 있다는 것으로 정리된다. 하나는 운동의 원인이 외부에 있는 경우이고, 다른 하나는 원인이 내부에 있는 경우이다. 예를 들어 손흥민 선수가 공을 발로 차서 상대 팀의 골문 안으로 들어갈 때, 공의 움직임은 원인을 외부에 두고 있다. 만일 공 외부의 존재, 즉 손흥민 선수가 발로 힘을 가하지 않았다면 공은 움직이지 않았을 테니까. 반면, 이 책을 읽고 있는 우리는 왜 읽고 있는가? 외부의 원인 때문인가? 그 누구도 협박하거나 강제하지 않았다면, 우리는 이 책을 '스스로' 읽고 있다. 즉, 이 경우에 있어 원인은 내부에 있다.

엡 헤민은 '우리에게 속한 것'이라는 뜻이다. 어떤 움직임은 그 원인이 우리에게 속한 경우가 있다는 것이다. 여러 어려운 상황 속에서 일본의 수군과 맞서 싸운 이순신 장군의 선택은 그 원인이 이순신 장군의 내부에 있다. 이순신의 선택은 당구공이나 축구공의 움직임과는 분명 다르다. 우리가 살아가면서 하는 많은 선택에 있어, 그 원인은 우리에게 있다. "너 왜 그렇게 했어?"라고 누군가 물을 때, "왜냐하면..."이라고 답할 수 있는 이유가 바로 여기에 있다. 원인이 내부에 있는 움직임을 행위라고 하며, 그 원인을 행위 이유라고 부른다는 점을 우리는 이미 살펴보았다.

아리스토텔레스는 이처럼 어떤 움직임의 경우, 행위자가 원인이 되어 발생한다는 사실을 간파했다. 엡 헤민은 현대적 의미에서 '의지의 자유에 가까운 생각을 표현하고 있다고 할 수 있다. 만일 인간의 행위나 선택을 포함해서 모든 움직임이 외부의 원인에 의해서 발생한 결과물이라고 생각하면 어떨까? 만일 이게 사실이라면, 세상만사는 모두 이미 결정된 것이라고 봐야 할 것이다. 손흥민 선수가 발로 찬 공이 "나는 내가 원하는 대로 자유롭게 날아갈 수 있어"라고 말한다면, 그건 그야말로 착각에 불과할 것이다. 조금 심각한 이야기를 하자면, 이럴 경우 우리는 범죄자들의 행위나 선택에 대해 책임을 물을 수 없다. 그 역시 외부의 원인-결과 사슬에 의해 발생한 사건으로, 번개가 치거나 비가 오는 사건과 다를 바가 없기 때문이다.

아리스토텔레스의 생각을 응용해서 파크스와 번디 사례를 평가해 보자. 우선 파크스의 경우, 비극적인 사건이 발생하긴 했지만 그 사건을 일으킨 원인이 파크스의 내부에 있지 않았다. 반면, 번디의 잔인한 범죄 원인은 번디의 내부에 있었다. 주목할 만한 점은 아리스토텔레스의 엡 헤민이 아직은 어떤 능력$^{Capacity\ or\ Ability}$으로 이해되고 있지는 않다는 점이다. 단순히 원인의 귀속 관계만을 지적하고 있다. 그런데도, 피동적인 움직임과 자발적인 움직임의 차이를 개념적 수준으로 설명한 아리스토텔레스의 통찰은 그 이후 철학자들에게 큰 영향을 주게 된다.

"원인에 따라 생겨나는 모든 것들이 항상 그리고 어느 경우에나 그것들이 생겨나는 원인을 바깥에 가지는 것은 아니다. 이렇게 생겨나는 것들[생겨나는 원인이 바깥에 있는 것이 아닌 것들 – 필자 주]은 외부의 어떤 원인 말고 우리가 통제하는데(Kyrioi), 이러한 능력(Exousia) 때문에 무언가는 우리에게 달려있다(Eph' Hēmin). 이런 이유로 이렇게 생겨나는 것들은 원인 없이(Anitiōs) 생겨나는 것이 아니라, 우리로부터(Par' Hēmōn) 원인을 가진다. 왜냐하면 사람이 그를 통해 일어난 행동들의 원인이고 시작점이며, 그리고 이것이 사람임(To Einai Anthrōpos), [곧] 그렇게 행동하는 시작점을 자신 안에(En Hautōi) 가지고 있는 것이다.[17]

---

17) 아리스토텔레스주의와 결정론의 충돌 - 알렉산드로스(Alexander of Aphrodisias)와 우리에게 달려있는 것(eph' hēmin), 구익희, 철학논집 제40집, 2015, 236쪽

가령 기원후 2~3세기에 활동했던 아리스토텔레스 사상의 계승자 알렉산드로스는 모든 것은 결정되어 있다는 당대의 결정론[18]에 맞서 『운명에 관하여De Fato』에서 위와 같이 쓰고 있다. 아리스토텔레스의 '우리에게 달린 것'이라는 개념을 활용하여, 인간의 일부 행동은 자연현상과 달리 원인을 내부에 가지므로, 결정되어 있지 않다는 논증 전략을 통해 결정론에 대응하고 있음을 알 수 있다.

숙고Bouleusis

『니코마코스 윤리학』에서 아리스토텔레스는 숙고Bouleusis라는 개념의 의미를 규정한다. 계속 보겠지만, 자유의지 문제가 과학 발전만으로 해결될 수 없는 이유 중 하나는 개념 분석과 의미 규정이란 문제 때문이다. 개념 규정은 과학 방법론으로 답을 하기 어렵다. 그러나 철학자들의 개념 분석 및 규정은 역으로 과학자들이 인과성, 마음, 시간 등을 탐구할 때 기본적인 지적 배경 역할을 해준다.

아리스토텔레스의 숙고는 쉽게 말해서, 어떤 목적에 도달하기 위한 수단을 선택하는 행위이다. 10kg 다이어트를 하기 위해서 무

---

18) 결정론이 라플라스의 악마로 잘 알려진 근대의 발명품이라고 생각하는 사람이 많지만, 고대 스토아 학파의 크리스포스(Chrysippus, 기원전 280~207) 등에 의해 매우 세련된 형태로 전해지기 시작했다. 그는 운명을 원인들의 고리(Heirmon Aitiōn)로 이해했으며, 이 표현은 오늘날 인과-사슬(Causal Chain)로 불린다.

엇을, 어떻게 해야 할지 숙고한다. 금연과 금주를 하기 위해서, 좋아하는 사람의 마음을 얻기 위해서, 승진을 위해서, 더 좋은 직장을 얻기 위해서 숙고한다. 그래서 그는 "우리는 목적$^{Ta\ tel\bar{e}}$에 대해서가 아니라 '목적에 이바지하는 것들$^{Ta\ pros\ ta\ tel\bar{e}}$에 대하여 숙고한다"라고 말한다.

그에 따르면, 숙고가 가능하려면 1) 인간의 행위로 성취될 수 있어야 하고 2) 언제나 같은 방식으로 발생하는 일이어서는 안 된다. 예를 들어, 삼각형의 정의와 같은 수학적 진리는 인간의 행위에 따라 답이 결정되지 않는다는 점에서 숙고의 대상이 아니다. 수성의 공전은 특별한 이유가 없다면 같은 방식으로 발생하는 자연현상이므로 숙고의 대상이 아니다. 반면, 내가 사랑하는 사람을 어떻게 하면 즐겁게 해줄 수 있을지, 사람들에게 더 매력적인 사람이 되기 위해서 어떤 노력을 해야 할지, 남은 인생을 어떻게 보내면 좋을지 등은 숙고의 대상들이다.

숙고를 통해 우리는 어떤 행위나 선택을 한다. 숙고는 철저히 '우리에게 속한 것'이다. 내가 금연의 성공을 위해 숙고하지 않았다면, 나는 여전히 흡연하고 있을 것이다. 따라서, 내가 흡연한다는 사실은 순전히 내 책임이다. 반대로, 숙고를 통해 여러 효과적인 방법으로 금연에 성공했다면, 그 역시 순전히 내 책임이다. 즉, 금연에 성공하느냐 아니면 흡연을 계속하느냐는 순전히 내게 달린 문제이다.

숙고에 대한 아리스토텔레스의 생각은 오늘날 여전히 '의식적 선택'과 관련하여 많은 생각거리를 제공해주고 있다. 우리는 5장에서 숙고라는 의식적 선택 자체가 실은 두뇌 활동이 만들어 낸 허구 Illusion가 아닐까 의심하는 자유의지 회의론에 대해 알아볼 것이다.

아우구스티누스의 업적

히포의 아우구스티누스Augustinus Hipponensis, 354~430는 알렉산드로스 이후 자유의지 논쟁에 획기적인 기여를 한 인물이다. 훗날 철학자 니체가 자유의지라는 개념이 기독교의 발명품이라고 평가한 배경에는 아우구스티누스의 업적이 자리잡고 있다.

인류 문명에 영향을 미치는 생각들은 갑자기 어디에선가 뚝 떨어지듯 등장하지 않는다. 헤아릴 수 없이 많은 논쟁, 시행착오, 비극적인 사건 사고[19] 등에 의해 발전되고, 계승된 결과물이다.

아우구스티누스는 철학사적으로 기독교 믿음과 학술 활동의 균형을 추구한 인물로 유명하다. 우리는 학술 활동이 없는 믿음은 잘못된 이해를 낳아 위험에 이를 수 있다는 점을 잘 알고 있다. 반면,

---

19) 고대 그리스의 수학자이자 신비주의자 피타고라스는 만물이 숫자의 질서에 따라 이뤄져 있다고 믿었다. 그러나 그의 제자 히파소스는 두 변의 길이가 1로 동일한 직각 이등변삼각형이라면 빗변 길이에 맞는 자연수가 없다는 사실을 명확히 알게 되었다. 무리수의 존재를 깨닫게 된 것이다. 이후 히파소스는 피타고라스 학파 사람들에 의해 죽임을 당했다는 소문이 있다. 진리의 발견에는 이처럼 사건 사고가 끊이지 않는다.

기독교인으로서는 아무리 학술 활동에 심혈을 기울여 지식을 얻게 되더라도, 믿음이 없다면 부질없는 결과일 뿐일 것이다.

아우구스티누스는 자유의지 문제를 신학의 여러 문제와 함께 탐구했다. 신의 주권, 은혜, 구원, 죄의 책임 등에 관한 신학적 물음을 관통하는 철학 문제가 바로 자유의지였다. 신학 논의는 접어두고, 바로 본론으로 들어가 보자. 아우구스티누스가 스토아 학파, 아리스토텔레스, 그리고 그의 계승자인 알렉산드로스 등의 영향을 받아 도출한 몇 가지 결론은 다음과 같다.

1) 아리스토텔레스는 자발적인 행동에 이성에 의한 행동뿐만 아니라, 어린아이나 동물의 비이성적이고, 충동적인 행동까지 포함했다. 반면, 아우구스티누스는 알렉산더의 본성적인 운동Motus Naturalis과 자발적인 운동Motus Voluntarius을 받아들여, 후자를 '본성적인 운동'으로 분류한다. '우리에게 속한 것'만을 '자발적인 운동'으로 보았다. 즉, 이성적인 사고작용. 숙고를 통한 선택을 하지 않는 어린아이나 동물의 경우 '자발적인 운동'을 한다고 보지 않는 것이다. 여기서 아우구스티누스가 아리스토텔레스보다 의식의 측면을 더 강조하고 있음을 알 수 있다. 이런 생각은 1장에서 알아봤듯, 현대 법조계에서 범의Mens Rea를 중시하는 이유와도 연관된다. 파크스의 사례에서 확인했듯, 우리는 파크스가 '자발적인 행동'을 했다고 보지 않는다.

2) 아우구스티누스에 이르러서야 비로소 자유의지를 어떠한 '능력'으로 이해하기 시작한다. 그는 아리스토텔레스가 '우리에 속한 것'이라고 불렀던 표현의 의미를 우리 능력 안에 있는 것[In Nostra Potestaste]으로 이해한다.

3) 2)와 연관하여, 아우구스티누스에 이르러서야 자유[Liberty, Libertas]와 자유의지[Free Will, Liberum Arbitrium]가 구분된다. 여기서 자유란 이미 언급했던 정치적 자유를 포함하는 '행위의 자유'를 의미하고, 자유의지는 '의지의 자유', 즉 외부적인 제재 없이 선택할 수 있는 능력을 뜻한다.

이러한 아우구스티누스의 생각은 행위의 책임과 관련하여 분명하고 강한 힘을 발휘한다. 이런 특성은 호메로스의 영웅들이 가졌던 사고방식과 비교해 보면, 매우 분명해진다. 아무튼 아우구스티누스에 따르면, 아담과 이브의 죄로 인해서 인간이 타락했으나 여전히 자유의지를 갖고 있다. 하지만 인간의 자유의지는 타락으로 인한 결과로 온전치 못하다. 즉 원함[Velle]과 행함[Posse]이 일치하지 않는 상황이 발생한다. 그는 이를 영혼의 병[Aegritudo Animi]에 의한 의지의 분열이라고 보았다. 예를 들어, 학교 폭력 가해자 중 일부는 스스로 선한 삶을 살고자 함에도 폭력을 행하게 된 것일 수도 있다. 혹은 힘든 사람을 돕고 싶은 마음이 있어도 실천으로 바로 이어지지 않을 수 있다. 그는 이러한 현상의 배후에 인류의 타락이 있다고 보았다. 그래도 자유의지가 있는 한, 행위의 책임은 전적으로 행위자에게 있다. 가롯 유다의 배반 사건은 가롯 유다의 책임이고, 베드로의 부인 사건은 베드로의 책임이다.

아우구스티누스의 생각은 오늘날 법과 교육에 중요한 전제 중 하나로 기능하고 있다. 즉, 우리가 모두 스스로 무언가를 선택할 수 있는 능력이 있다는 생각이 거의 상식처럼 받아들여지고 있다. 아우구스티누스의 등장 이후 자유의지 논쟁은 스스로 선택할 수 있는 능력이 있느냐 없느냐의 문제로 한층 분명해졌다.

철학에도 분과가 있다. 대표적으로 형이상학^{Metaphysics 20)}, 인식론^{Epistemology}, 논리학^{Logic}, 윤리학^{Ethics}이 있으며, 그 외에도 20세기 이후 중요해진 언어철학^{Philosophy of Language}, 과학철학^{Philosophy of Science}, 심리철학^{Philosophy of Mind}, 기술철학^{Philosophy of Technology} 등이 있다. 철학에는 왜 이렇게 많은 분과가 있으며, 분과를 구분하는 근거는 무엇일까?

철학은 본래 모든 학술 활동을 의미하던 말이었다. 여기엔 오늘날 우리가 철학, 과학이라 부르는 분야가 모두 포함된다. 학술 활동에는 반드시 정당화의 과정이 있다. 근세를 지나면서, 학술 활동 일반을 지칭하던 철학에서 물리학, 화학, 심리학, 사회학 등이 갈라져 나와 전문화되기 시작했다. 그러면, 오늘날 철학이 하는 일은 무엇일까? 또 철학의 분과는 무엇을 탐구할까?

철학 활동의 핵심을 꼽으라고 한다면, 1) 의미를 탐구하고 2) 근거를 탐구하는 것이라고 생각한다. 그러나 과학도 근거를 탐구한다는 점에서 철학 활동의 조건이라고 보기 힘들다. 차이가 있다면, 철학은 과학이 묻지 않거나 묻기 힘들지만, 합리적인 논의를 위해서는 반드시 물어야 할 문제를 둘러싼 의미와 근거를 탐구하는 활동이라고 할 수 있다. 그래서 철학의 주요 분과는 다음의 물음에 대해 탐구한다고 할 수 있다.

---

20) 형이상학은 아리스토텔레스부터 칸트 등을 거치면서 의미가 변한 역사가 있다. 이 책에서는 21세기 형이상학자들이 대체로 연구하는 인과성, 마음의 본성, 마음과 신체의 관계, 본질과 실재의 본성 등을 다루는 분과로 규정하고자 한다.

주요분과	의미	근거
형이상학	1. 원인과 결과란 무엇인가? 2. 마음이란 무엇인가? 3. 영혼이란 무엇인가? 4. 본질이란 무엇인가? 등등	1. 마음이 물질과 그 본성이 다르다는 생각의 근거는 무엇인가? 2. 영혼이 신체에 인과적인 힘을 행사할 수 있다는 생각의 근거는 무엇인가? 3. 원인과 결과를 사실로 봐야 하는 근거는 무엇인가? 4. 원인과 결과를 사건으로 봐야 하는 근거는 무엇인가? 등등
인식론	1. 누군가가 무엇을 안다는 건 무엇인가? 등등	1. 의견 중에 지식이라고 할만한 의견이 있다는 주장의 근거는 무엇인가? 2. 지식에도 종류가 있다고 볼 수 있는 근거는 무엇인가? 등등
논리학	1. '말이 안 된다'는 건 무엇인가? 2. 좋은 추론이란 무엇인가? 등등	1. 좋은 추론과 나쁜 추론을 구분해주는 근거는 무엇인가? 등등
윤리학	1. 선한 행위는 무엇인가? 등등	1. 선한 행위와 나쁜 행위를 구분해주는 근거는 무엇인가? 등등

저 돌은 왜 저기에 있을까?
누군가 올려놨기 때문에.

그러면 그에게 바로 저기에
돌을 올려놓게 만든 것은 무엇인가?

3장

탐구의 기원:
근세 편

흡스와 흄의 영리한 해결책
조나단 에드워즈의 이유 있는 분노
니체의 '위버멘쉬'와 자유의지 회의론

탐구의 기원
: 근세 편

홉스와 흄의 영리한 해결책

홉스가 쏘아 올린 참신한 발상

태양 아래 새로운 것은 없다. 자유의지 문제 역시 그렇다. 이 책을 읽는 독자가 이 문제와 관련하여 어떤 발상을 하든 이미 지성사에서 검토된 발상일 가능성이 크다.

오늘날 학자들이 양립론^{Compatibilism}이라 부르는 입장을 세련된 논증으로 처음 제시한 사람은 스코틀랜드의 철학자 흄^{David Hume, 1711~1776}으로 알려져 있다. 그러나 흄의 생각은 흄보다 약 120년 전에 태어난, 『리바이어던』의 저자 홉스^{Thomas Hobbes, 1588~1679}의 사상을 계승 및 발전시킨 결과물이다.

두 철학자의 출생에 약 120년 정도의 시간 차이가 있는데, 그 사이 인류 지성사에 한 획을 긋는 사건이 발생한다. 그것은 바로 1666년 뉴턴^{Isaac Newton, 1642~1727}이 만유인력의 법칙 확립과 미적분법의 발견을 이룩한 것이다. 그 내용을 정리한 기념비적인 도서『자연철학의 수학적 원리^{Principia}』가 1687년에 출간되었으므로, 홉스는 소위 고전 물리학의 등장 이전 인물이라고 봐야 옳다. 그러나 철학의 발전에 과학의 발전이 중대한 영향을 준다는 점에서 뉴턴의 등장은 홉스와 흄의 사상적 차이나 논증의 정교함 등에 영향을 주었다. 우선 홉스의 생각을 알아보자.

홉스는 『리바이어던』 제21장에서 '자유의지'를 '외부적 강제'가 없는 상태로 규정하고 있다. 다음 구절을 찬찬히 음미해 보자.

자유와 필연은 양립한다. 즉 물이 물길을 따라 아래로 흘러가는 것은 물의 자유일 뿐만 아니라 필연성이다. 인간이 자발적으로 하는 행위도 마찬가지이다. 왜냐하면 인간의 행위는 인간의 의지와 자유에서 나오는 것이기도 하지만, 인간의 의지에 따른 모든 행동과 욕구와 경향은 어떤 원인에서 나오는 것이며, 그 원인은 또 다른 원인에서 나오는 것이고, 이와 같은 원인은 지속적인 흐름(이 모든 원인의 첫 번째 원인은 신의 손에 달려 있다.)에 따라 필연적으로 나오는 것이다. 그러므로 이와 같은 원인의 연관성을 간과할 수 있는 사람의 눈에는, 인간의 모든 자발적 행동에는 필연성이 있다는 것이 명백해 보일 것이다.[21]

위 구절에서 주목해 볼 표현은 '자유와 필연은 양립한다'는 표현이다. A와 B가 양립 가능하다는 뜻은 A와 B가 서로 모순을 일으키지 않는다는 뜻이다. 얼핏 홉스의 생각은 모순인 듯 보인다. 왜냐하면, 자유란 행위자가 '하고 싶은 대로 하는 것'을 의미하고, 필연은 '그렇게 될 수밖에 없는 것'을 의미하기 때문이다. 그러나 홉스는 이둘이 서로 양립할 수 있다고 주장한다.

폭포를 생각해 보자. 폭포의 물은 위에서 아래로 낙하한다. 이때물의 낙하를 방해하거나 강제하는 외부 조건이 없다면, 물은 자유롭게 낙하한다. 이때 물은 자유롭다. 마찬가지로 누군가의 욕구가방해나 강제 없이 행위로 이어진다면, 그는 자유롭다. 그러나 그의욕구는 이전의 원인에 의해 생긴 결과이므로 필연이다. 욕구는 내가 창조해낸 것이 아니다. 그 누구도 욕구를 창조해내지는 못한다. 그 누구도 오늘 하루 자신의 배고픔이 생기는 시점을 정해놓고 살지않는다. 즉, 욕구란 이전의 원인에 의해 내 안에 생겨난 필연적인 결과이다. 위 안의 내용물이 소화되고, 뇌에서 포만감을 느끼게 해주는 렙틴Leptin 같은 호르몬이 분비되는 등의 일련의 생리, 화학적 과

---

21) 『리바이어던』, 홉스, 21장

정이 없다면, 나는 배고픔을 느끼지 못할 것이다. 욕구란 이런 생리, 화학적 인과 과정에서 생기고 사라지는 내적 현상이다.

강가에서 친구들과 놀다가 나에게 수영을 하고 싶은 욕구가 생겼다고 가정해 보자. 만일 내가 수영을 하고 싶은 욕구를 방해나 강제 없이 행위로 실현한다면, 즉 수영을 한다면 홉스의 생각에 따라 나는 자유롭다. 반면, 나는 수영을 하고 싶은 생각도, 물에 들어가고 싶은 생각도 없지만 누군가가 칼로 나를 위협하여 물에 빠지게 한다면, 나는 자유롭지 않다. 또한 수영을 하고 싶은 욕구가 있는데 친구들이 하지 못하게 강제로 말려서 결국 수영을 하지 못한다면, 나는 자유롭지 않다.

홉스식의 양립론은 일상에서 누구나 체험을 통해 알고 있다. 오늘 노래를 부르고 싶은데, 마침 호주머니에 현금이 있다. 나는 즐거운 마음으로 동전 노래방에 간다. 그 순간 나는 자유롭다고 느낀다. 하지만 내 호주머니에 현금이 없거나 부모님께 전화가 와서 내일 일찍 할머니 댁에 가야 하므로 지금 바로 집에 들어와야 한다는 명령을 듣는 순간, 내 욕구는 실현되기 어렵다. 그러면 나는 자유롭지 않다. 그때의 기분은 참으로 씁쓸하고 우울할 것이다. 이런 식의 경험을 수십, 수백 개는 생각해낼 수 있을 만큼 우리에게 친숙하다.

필연과 자유가 양립 가능하다는 입장을 양립론^{Compatibilism}이라고 부른다. 원인에 의해 결과가 결정된다는 의미에서의 필연이므로, 양립론은 흔히 결정론과 자유의지가 양립 가능하다는 입장이라고 소개된다. 홉스 이전에 등장한 스토아 학파 등의 입장을 양립론으로 해석하기도 하지만, 홉스가 가장 먼저 양립론의 입장을 가장 명확하고 근거를 갖춰 제시했다고 평가받는다. 홉스가 쏘아 올린 양립론의 발상은 이후 흄, 그리고 20세기에 많은 철학자가 계승하여 발전시키게 된다.

인과적 필연성

철학자 칸트에게 큰 영향을 주었으며, 오늘날 특히 인과Causation와 자아Self 문제와 관련하여 여전히 중요한 인물로 손꼽히는 흄은 1738년 『인성론A Treatise of Human Nature』을 출간한다. 이어 그 중요성에도 불구하고 난해한 『인성론』의 내용을 쉽고 자세히 풀어쓴 『인간 지성에 대한 탐구Enquiry concerning the Human Understanding』(1748)와 『도덕 원리에 관한 탐구Enquiry concerning the Principles of Morals』(1751)를 연달아 출간한다.

세 권의 책에서 흄은 필연성과 자유의지 개념을 연관지어 탐구하고 있다. 필연성 개념에 관한 탐구란 원인과 결과의 관계, 즉 인과관계에 대한 분석 및 규정을 의미한다. 이 점이 바로 흄이 홉스보다 더 나아간 측면이라고 할 수 있다. 흄은 뉴턴의 역학이 등장한 이후의 철학자이다. 뉴턴의 등장은 흄에게 어떤 영향을 주었을까?

홉스와 달리 흄은 인과적 필연성을 더욱 주도면밀하게 탐구하였다. 우리 주위에는 지금, 이 순간에도 수많은 사건이 발생하고 있다. 아니 심지어 우리 안에도 물리적, 신경-화학적 사건이 일어나고 있다. 꽃이 피고 지고 비가 오고 번개가 치며, 지진이 일어나고 한 아이가 태어나고 성장한다. 피부는 노화하고 바이러스와 세균은 끊임없이 몸 안으로 들어온다. 이 사건들에 있어 어떤 규칙, 질서, 법칙이 있지 않을까? 만일 그렇다면, 우리는 미래의 사건을 예측할 수 있지 않을까? 역으로 결과를 일으킨 과거의 사건을 확인할 수 있지 않을까? 인과에 관한 생각은 학자가 아니라도 누구나 일상에서 할 수 있다. 실제로 우리는 살면서 많은 원인을 찾아내고, 또 그래야만 하는 상황에 직면하기도 한다.

뉴턴은 인류 최초로 외부 세계의 움직임을 예측하는 방법을 발견했다. 우리가 고등학교에서 배우는 F=ma라는 공식을 생각해 보자. 이 공식을 이용하면, 20kg의 물체에 10N의 힘을 가했을 때, 가속도가 얼마인지 알 수 있다. 즉, 우리는 20kg의 물체에 10N의 힘을 가하면 얼마만큼의 가속도가 발생하는지 예측할 수 있는 것이다. 뉴턴 역학은 오늘날 우리가 달과 화성에 탐사선을 보낼 수 있는 근간이 된다. 이 모든 건 미래의 움직임을 정확하게 예측할 수 있기 때문이다. 그래서 뉴턴 역학에서는 소위 '강한 인과'가 적용된다고 말한다. 원인에 해당하는 값을 주면, 결과에 해당하는 값이 나올 수밖에 없기 때문이다. 뉴턴 역학 등장 이후의 철학자인 흄이 홉스보다 인과 관계에서 더 면밀한 사유를 할 수 있었던 배경이 여기에 있다.

그러면 혹자는 다음과 같은 문제를 제기할 수 있을 것이다. "뉴턴 역학으로 탐사선까지 다른 행성에 보낼 수 있으면 다 된 거 아닌가요?" 바로 이 지점이 철학과 과학의 역할이 갈라지는 지점 중 하나이다. 과학은 값을 넣고 나오는 결괏값을 중요하게 생각한다. 즉, 인과 관계는 과학의 문제가 아니라 철학의 문제이다. 양자역학에서 소위 코펜하겐 해석을 둘러싼 철학적 문제에 젊은 과학도들이 골몰하는 모습을 보고 물리학자 머민Nathaniel David Mermin, 1935~이 했던 "입 닥치고 그냥 계산하라Shut up and Calculate"라는 명언이 그냥 나온 게 아니다.

그러나 계산만 한다고 해서 세상의 모든 문제가 해결되진 않는다. 앞에서 철학은 의미와 근거를 탐구하는 활동이라고 했다. 철학은 인과 관계의 본성Nature을 탐구한다. "A와 B가 인과 관계를 맺고 있다고 할 때, 그 의미는 무엇인가?"라고 묻는다. 이는 곧 실재Reality의 본성과 맞닿아 있는 물음이기도 하다. 인과 관계가 존재한다는 말은, 이 세계의 수많은 사건 중 일부는 인과 관계에 따라 일어난다는 것을 인정하는 말이기 때문이다. 참고로 오늘날까지 인과 관계는 형이상학의 논쟁거리로 남아있다. 익숙한 것에 놀라운 신비로움이 있기 마련이다.

흄은 인과 관계를 자신을 상징하는 두 개념, 즉 인상Impressions과 관념Ideas으로 설명한다. 인상은 감각, 감정 등과 같이 우리에게 직접적으로 주어지는 원초적인 자료이다. 커피를 한 모금 마실 때의 향기와 맛 등이 바로 인상이다. 번개가 치는 모습도 인상이고, 나무에 불이 붙은 모습도 인상이다. 관념은 인상들이 마음속에 남아 심리적 작용 등에 의해 형성된 결과물이다. 즉, 인상은 직접적이고 강렬하지만, 관념은 간접적이고 희미하다. 관념에 해당하는 대표적인 대상이 바로 '나'이다. 우리에게 인상으로 생생하고 직접적으로 주어지는 것은 어떤 느낌, 특정한 감정, 생각 등이 전부이다. 그런데, 우리의 마음은 여기서부터 '나'라는 관념을 만들어낸다. 그러나 아무리 생각해봐도 '나'에 직접적으로 대응하는 인상은 없다. 그래서 흄은 '나' 혹은 '자아'라는 관념을 인간의 심리가 만들어낸 허구라고 생각한다. 실제로 알 수 있는 거라곤 특정한 느낌, 감정, 생각밖에 없다.

인과 관념에도 같은 이치가 적용된다. 흄은 인과에 대해 다음처럼 말한다.

- 첫 번째 정의: 어떤 대상이 다른 대상에 시간상 선행하고 시·공간적으로 근접해 있을 때, 그리고 전자의 대상과 유사한 모든 대상이 후자의 대상과 유사한 모든 대상과 시간적 선행, 시·공간적 근접 관계에 놓여 있을 때, 그 전자의 대상을 원인이라 한다.
- 두 번째 정의: 원인은 한 대상이 다른 대상에 선행하고 근접하되, 그리고 그렇게 연합하여, 전자의 관념이 정신으로 하여금 후자의 관념을 형성하도록 결정하거나, 전자의 인상이 후자의 관념을 더욱 생생하게 형성할 때의 바로 그 전자의 대상을 말한다.

번개가 치는 모습이라는 인상 A와 나무에 불이 붙는 모습이라는 인상 B 외엔 우리에게 주어지는 인상은 없다. 그런데 우리는 "번개가 나무에 불이 붙게 만들었어"라는 식으로 그 상황을 인과 관계로 인식한다. 여기서 흄은 'A가 B를 일으켰다' 혹은 'A에 의해 B가 발생했다'와 같은 인과 판단에 들어있는 '일으켰다', '발생했다'에 해당하는 인상은 존재하지 않음을 지적한다.[22] 우리에게 주어진 인상은 A와 B뿐이다.

A와 B가 공간과 시간상 인접하여 발생하기 때문에, 인간의 마음은 그 두 인상 사이에 연관성이 있다고 이해하려 한다. 그러나 이는 그저 심리적인 작용일 뿐이다. A와 B 사이의 인과 관계를 확보해주는 술어에 해당하는 인상이 존재하지 않는 이상 인과 관계는 객관적으로 존재한다기보다는 인간의 심리, 특히 상상력이 만들어낸 관념에 불과하다.[23] 다시 말해서, 이 세계에 발생하는 다양한 사건들에 인과성이란 '규칙'은 객관적으로 존재하는 것이 아니라, 인간의 심리가 투영된 결과물이다.

---

22) 흄은 자신의 저서에서 필연성을 힘으로 이해한다.
23) 이것이 유명한 흄의 인과 회의론의 핵심이다. 이후 칸트가 흄의 인과 회의론으로부터 과학적 지식의 신뢰성을 정당화하기 위해 인과 문제를 다시 탐구한다. 그러나 여전히 인과의 본성은 해결되지 않은 많은 문제와 얽혀 난제로 남아 있다.

흄의 양립론

그런데 흄은 일상에서 인과 관계가 있다는 믿음이 완고하다는 점을 인정한다. 그래서 흄은 철학적 체계^{Philosophical System}와 일상적 체계^{Vulgar System}를 구분한다. 철학적 체계에서 볼 때, 자아도 인과 관계도 존재하지 않는다. 그러나 일상적 체계에서는 그 믿음이 허용된다. 흄은 철학자라도 실용적인 이유에서 일상적 체계에 따라야 할 필요가 있다고 주장한다. 즉, 흄에 따르면 우리 인간은 이 두 관점을 모두 취할 수밖에 없다. 우리는 '화로에 장작을 더 넣으면 불길이 강해진다', '체온이 내려가면 감기에 걸리기 쉽다'와 같은 일상적 대화를 나누는 흄의 모습을 상상해 볼 수 있다. 물론 철학자로서는 이 모든 인과적 믿음이 상상이 만들어낸 규칙이라고 생각했지만 말이다.

흄은 홉스의 양립론에 자신의 인과 분석을 합쳐 더 세련된 형태로 자유의지 문제에 답을 내놓는다. 『인성론』에서 흄은 다음처럼 말한다.

강단에서 말하는 자발성의 자유와 무차별의 자유를 구분할 수 있는 사람은 거의 없다. 자발성의 자유는 강제에 반대되는 것이다. 무차별의 자유는 필연성과 원인의 부정이다. 첫 번째 자유는 그 단어의 가장 일반적 의미이다. 이와 같은 자유가 우리가 간직하고자 하는 유일한 것이기 때문에, 우리의 사고는 주로 그것에 주목해 왔고 거의 보편적으로 자발성의 자유를 무차별의 자유와 혼동해 왔다.

위 구절에서 우리는 흄이 자발성의 자유Liberty of Spontaneity와 무차별의 자유Liberty of Indifference를 구분하고 있음을 알 수 있다. 우선 무차별의 자유는 필연성과 원인을 부정하는 개념으로, 흄은 이런 자유의 존재를 부정한다. 흄이 무차별의 자유라 칭한 개념은 자유론자들이 옹호하는 개념으로, 우리는 이후 에드워즈 편에서 다시 살펴볼 예정이다.

무차별의 자유를 흄이 부정하는 이유는 흄이 모든 사건은 원인에 의해 발생한다는 사실이 옳다고 믿기 때문이다. 위에서 살펴봤듯, 흄은 규칙성 자체를 의심하지는 않았다. 반면, 자발성의 자유는 강제Violence의 반대 개념으로서의 자유이다. 자발성의 자유는 홉스의 생각과 거의 유사하다. 그는 『인간 지성에 대한 탐구』에서 다음처럼 말한다.

자유에 의해서 우리는 오직 의지의 결정에 따라 행동하거나 행동하지 않는 힘을 의미할 수 있을 뿐이다. 다시 말해, 우리가 가만히 있기를 선택한다면 가만히 있을 수 있고, 움직이기를 선택한다면 움직일 수 있다. 이제 이와 같은 가설적 자유가 감옥에 있지 않거나 수감되지 않은 사람에 속하는 자유라고 보편적으로 인정된다.

흄이 가설적 자유라고 부른 이유는 조건문을 사용해서 자발성의 자유를 표현하기 때문이다. 즉, 흄의 가설적 자유란 행위자 A가 어떤 행동을 하거나 행동하지 않는데 강제가 없다면, A는 자유롭다고 말할 수 있다. 그래서 감옥에 수감된 사람에게 자발성의 자유는 실현되기 어렵다. 수감자는 바다에서 보트를 탈 수 없고, 항공 여행을 할 수 없고, 등산을 할 수 없다. 수감자의 욕구가 실현되기에는 여러 강한 제약이 존재하기 때문이다. 여러 제약이 그에게 다양한 욕구를 실현하기 힘들도록 강제한다.

흄은 홉스의 생각을 이어받았으나, 행위자의 책임 문제에 답을 하는 부분에서 독창성을 발휘한다. 행위자의 책임은 근대에 와서 매우 중요한 문제로 급부상한다. 왜냐하면, 뉴턴 역학으로 지성인들이 물리적 운동은 계산되고 예측할 수 있다는 사실을 받아들이면서, 인간의 행위는 일반적인 사물들의 움직임과는 다르다는 믿음 역시 더 정교한 이론을 통해 정당화될 필요가 있다는 사실도 인지하기 시작했다. 물론 반대로 인간의 행위 역시 물리적 움직임과 다를 바 없다고 보는 결정론이 본격적으로 등장하는 시기이기도 하다. 만일 인간의 행위가 다른 사물들의 움직임과 다르다면, 어떤 이유에서일까? 또 인간의 행위에만 책임을 귀속할 수 있는 이유는 무엇일까? 만일 결정론이 옳다면, 행위의 책임을 어떻게 봐야 하는가?

우선 흄이 자신의 필연성 분석을 이용해서 책임 귀속을 어떻게 설명하는지 알아보자.

책임 귀속

흄은 우리가 어떤 선택을 하는 이유는 어떠한 욕구 때문이라고 말한다. 우리가 일상에서 이미 충분히 체험하고 있는 내용이기도 하다. 운동하고 갈증이 날 때, 시원한 음료를 마시고 싶다는 욕구는 음료를 마시는 행위로 이어진다. 문득 불행한 일을 겪은 사람을 보면 동정심을 느끼고 그를 돕고 싶다는 욕구를 느낀다. 그 욕구는 특별히 방해받지만 않는다면 그를 돕는 행위로 이어진다. 흄이 말한 자발성의 자유가 바로 이런 것이다.

그런데, 좀 더 생각해 보자. 그 욕구는 어디서 오는가? 인간은 그 누구도 자신의 욕구를 창조하지 못한다. 아무리 노력해도 '리오넬 메시를 축구 실력으로 이기고 싶다'는 욕구는 내 안에 만들어지지 않는다. 왜냐하면, 욕구는 인과 사슬에 의해 형성된 결과물이기 때문이다. 물론 흄은 철학자의 체계에서 인과 과정의 객관성을 인정하지 않지만, 어쨌든 원인과 결과가 시·공간적으로 연이어 일어난다는 규칙성은 인정하고 있다는 점을 확인했다.

여기서 문제가 발생한다. 욕구는 행위자가 창조한 것이 아닌데, 그 욕구의 실현, 즉 자발성의 자유가 실현됐을 때 행위자에게 책임을 물을 수 있을까? 즉, 자발성의 자유를 실현한 행위자에게 행위의 책임 귀속이 성립하는가?

흄은 『인간 지성에 대한 탐구』에서 자신의 자유의지 해법이 '도덕과 일치할 뿐만 아니라 절대적으로 도덕을 지지하는 데 본질적'이라고 자신 있게 밝히고 있다. 흄이 자신의 자유의지 개념으로 행위자에게 책임을 물을 수 있는 이유는 다음과 같다. 행위자가 특정한 행위를 하는 것을 반복하여 관찰한다면, 즉 그에 관한 인상을 얻으면, 우리는 그 행위자가 어떤 도덕적 성품을 갖고 있다는 믿음을 가질 수 있게 된다. 그리고 이로부터 일련의 행위가 그 행위자에게서부터 산출된Caused 결과라는 믿음도 얻게 된다. 이를 흄은 다음처럼 표현하고 있다.

물질 속에서건 혹은 정신에서건 어떤 행동의 필연성은, 적절히 말해서 행위자 안에 있는 속성이 아니라, 그 행동을 고려하는 어떤 생각을 하거나 지적인 존재의 내부에 있는 것이다. 그리고 그것은 주로 어떤 선행하는 대상들로부터 그 행동의 존재를 추론하는 그의 사고의 결정으로 이루어진다.

어떤 행위자의 행위들이 그의 성품에서 산출된 것이라는 믿음은 순전히 제3자의 관찰과 판단에서 나온다. 왜냐하면, 이미 확인했듯이 흄에게 인과 관계는 객관적으로 존재하지 않고, 인식 주체의 마음속에 있는 어떤 규칙성을 의미하기 때문이다.

2015년부터 미국 연방수사국FBI은 동물 학대 범죄를 반사회적 범죄로 규정하고 있다. 미국 보스턴 노스이스턴대학교 연구에 의하면 동물 학대자의 70%가 적어도 하나 이상의 다른 범죄를 저질렀다. 남성 범죄자의 30%, 아동성추행범의 30%, 가정폭력범의 36%, 살인범의 45%에서 동물 학대의 흔적이 발견되었다.[24] 예를 들어, 내 이웃집에 사는 K 씨가 자기 애완견을 학대하는 모습을 몇 번 봤다고 해보자. 오늘도 퇴근길에 애완견을 학대하는 K 씨를 보고 경악하게 된다. 연속적인 K 씨의 동물 학대 모습은 나에게 K 씨의 성품에 대해 어떠한 믿음을 갖도록 만든다. 즉, K 씨의 일련의 행동이 그의 성품과 어떤 연관관계를 갖고 있다는 믿음을 갖도록 만든다. 이 믿음, 즉 K 씨가 동물 학대를 상습적으로 저지를 만큼 반사회적인 성품을 갖고 있다는 믿음은 그의 행동에 책임을 묻기에 충분한 근거를 제공해준다는 것이다. K 씨의 행동들과 그의 성품 사이의 '객관적인 인과 관계'를 입증할 수 없지만, 관찰자는 관찰을 통해 그 사이의 '연결 고리'가 있다는 판단을 내릴 수 있기 때문이다. 이것이 흄이 자신의 자유의지 개념이 "도덕과 일치할 뿐만 아니라 절대적으로 도덕을 지지하는 데 본질적"이라고 말한 이유이다.

흄의 이런 생각에 동의하는가? 어떤 난점이 있다고 생각하는가? 4장을 읽기 전에 한번 생각해 보기를 권한다.

"흡연은 폐암, 구강암을 일으킨다"라는 표현을 어떻게 이해할 수 있을까? 흄의 생각을 응용하자면, 우리가 기껏 확실하게 얻을 수 있는 건 담배에 불을 붙이는 인상 a, 불이 붙고 연기가 나는 인상 b, 입으로 연기를 들이마시는 인상 c, 입으로 연기가 나오는 인상 d 등이 전부이다. 현미경으로 관찰한다고 해도, 우리는 특정한 인상들의 묶음 외엔 직접적으로 얻을 수 있는 게 없다.

| 인상 a | - | 인상 b | - | 인상 c | - | 인상 d | - | 인상 n .... |

그러면, "흡연은 폐암, 구강암을 일으킨다"라는 명제는 참이 아닌가? 만일 이 명제가 설득력이 있다고 한다면, 그 이유는 무엇인가?

조나단 에드워즈의 이유 있는 분노

에드워즈^{Jonathan Edwards, 1703~1758}는 뉴잉글랜드의 마지막 청교도 목사로, 미국이 낳은 가장 위대한 신학자이자 철학자로 손꼽히는 인물이다. 그의 『자유의지^{Freedom of the Will}』는 당대의 결정론과 자유론을 날카로운 논증으로 격파하고 있기에 신학적으로 뿐만 아니라, 철학적으로도 매우 중요한 저서이다. 이 책은 1751년 8월부터 집필되어 1754년 12월에 출간되었는데, 에드워즈는 사역 초기부터 관심과 우려를 표하던 아르미니우스주의를 논박하기 위해 이 책을 집필했다.

아르미니우스주의와 그 지지자들

에드워즈가 반대하는 아르미니우스주의^{Arminianism}[25]란 인간이 자기 결정의 전적인 자유를 갖고 있다고 보는 일련의 사상을 통칭하는 용어이다. 에드워즈는 『자유의지』의 서문에서 모든 아르미니우스주의자는 아니라고 할지라도, 인간의 자유의지를 긍정하는 사람들은 모두 아르미니우스주의자라는 점을 언급한다. 그런 이유로 아르미

---

[25] 이 용어는 야코부스 아르미니우스(Jacobus Arminius, 1560~1609)라는 인물에게서 그 기원을 찾을 수 있다. 아르미니우스는 에드워즈가 등장하기 약 1세기 전에 칼뱅이 주장했던 하나님의 절대주권에 반대하여, 인간이 스스로의 의지로 구원을 받을 수 있다고 주장했다. 에드워즈가 활동할 당시에 이런 아르미니우스의 사상을 계승 및 발전시키고자 했던 신학자들이 등장하였다.

니우스주의자라는 용어로 인간의 자유의지를 긍정하는 사상가를 통칭하고자 한다고 말한다.

에드워즈가 대결하고자 하는 동시대의 대표적인 아르미니우스주의자는 토마스 처브Thomas Chubb, 1679~1747, 다니엘 휘트비Daniel Whitby, 1638~1726, 아이작 왓츠Isaac Watts, 1674~1748이다. 이들은 인간이 스스로 결정할 수 있는 '영혼의 자유'를 갖고 있다고 주장한다. 이 주장은 크게 두 가지 이유에서 에드워즈의 반감을 사게 된다. 첫째, 아르미니우스주의는 칼뱅의 예정론에 어긋난다. 칼뱅Jean Calvin, 1509~1564의 예정론Predestination에 따르면, 인간의 구원은 하나님에 의해 이미 결정되어 있다. 얼핏 이해가 안 되지만, 성경 가운데 사도행전 4장 28절, 로마서 8장 29~30절, 고린도전서 2장 7절, 에베소서 3장 11절 등을 근거로 하고 있으며, 오늘날까지 기독교 교리에서 중요한 생각이다. 아르미니우스주의자들은 인간이 의지적 선택을 통해 구원받을 수 있다고 주장하므로, 칼뱅의 생각과 정면충돌을 피할 수 있다. 둘째, 아르미니우스주의가 가정하는 '영혼의 자유'와 같은 개념은 에드워즈가 보기에 원인 없이 어떤 결과가 일어난다는 점에서 매우 비합리적으로 보였기 때문이다.

우리는 신학적 문제와 얽힌 첫 번째 이유는 다루지 않고, 철학적인 논쟁과 연관되는 두 번째 이유만을 좀 더 상세히 이야기하고자 한다. 에드워즈의 『자유의지』는 칼뱅의 예정론과 신의 절대적 주권이 옳다는 것을 전제로 쓰였다. 그러나 개념과 논리의 날카로운 분석, 논증의 치밀함 등은『자유의지』가 매우 수준 높은 철학 저서임을 증명한다.

우리는 에드워즈의 아르미니우스주의 논박을 통해 자유주의라는 입장의 고질적인 이론적 난점이 어디에 있는지 확인하게 될 것이다.

에드워즈 딕텀Edwards' Dictum

에드워즈는『자유의지』제2부 1장에서 아르미니우스주의의 자유 개념에 대한 합리적 의구심을 논한다.[26] 아르미니우스주의를 분류하자면, 인간에게 인과적 사슬을 어떤 방식으로든 끊는 의지의 힘이 있다고 보는 자유론의 고전적인 형태이다(이하 A-자유론, A-자유론자). 그들에 의하면, 도덕적 책임, 책망을 위해 의지의 자기결정 능력A Self-determining Power이 필수적이다. 우리는 번개에 책임을 묻거나 책망을 할 수 없다. 그 이유는 단지 번개가 말을 하지 못하기 때문이 아니다. 번개는 여러 원인에 의해 필연적으로 발생한 결과이기 때문이다. 즉, 번개에게는 다른 선택을 할 의지의 능력이 없다. 인간의 경우는 다르다. 언론 매체에서 사회적으로 물의를 일으킨 공인이 공식적으로 사과하는 장면을 생각해 보자. 그들이 사과하고 반성하며, 같은 유형의

---

26) 이 책에서 참고한 에드워즈의 책은『Jonathan Edwards, Freedom of the Will』, Grand Rapids, 2000과 『자유의지』, 조나단 에드워즈, 정부홍 역, 새물결플러스, 2017이다.

물의를 일으키지 않겠다고 선언할 수 있는 이유는 무엇인가? 번개와 다르기 때문이다. 그들은 애초에 달리 선택할 수 있었다. 하지만 그렇지 않았다. 그래서 그들은 비난받아 마땅하고, 책임져야 한다. 이 원리는 일반인에게도 예외 없이 적용된다.

그렇다면, A-자유론자가 생각하는 '의지의 자기결정 능력'은 도대체 무엇인가? 그들에 따르면, 의지는 자체적인 결정 능력을 행사한다. 즉, 의지 자체가 자신을 결정한다The Will's Determining Itself는 것이다. A-자유론자는 자연 내의 모든 활동Act[27])이 이전 활동에 의해 발생하지 않는다고 주장한다. 그중 일부 활동은 의지의 자기결정 능력에 의해 발생한 활동이다. A-자유론자는 원인에 해당하는 활동에 결정되지 않은 활동의 발생 가능성을 확보하기 위해 중립 상태Indifference 혹은 평형 상태Equilibrium를 가정한다. 이 상태는 행위자의 내적 상태가 그 어떤 원인으로 치우치지 않은 중립적 상태임을 뜻한다.[28) 즉 의지가 무언가를 선택하기 전에 일종의 중립 상태에 처하게 되며, 이때 무언가를 선택하게 되는 결과는 순전히 의지의 작용이라는 것이다.

---

27) 현대에 사건(Event)이라고 불리는 존재론적 범주가 에드워즈 당시에는 논의되지 않았다. 그래서 에드워즈가 활동(Act)이라고 부르는 개념이 낯설게 느껴질 수 있다.

28) 에드워즈 당시에 자유론자들은 원인의 영향을 받지 않는 상태를 이론적으로 확보하는 데에 큰 어려움을 겪었을 것이다. 에드워즈는 이 점을 예리하게 통찰하고 있다. 이에 대해 현대의 양자 역학과 카오스 이론이 새로운 이론적 가능성을 제시해주는 듯 보인다.

제시된 대상들이 하나같이 알맞거나 좋아 보이는 경우에, 의지는 안내자가 관리자 없이 홀로 있으므로 의지 자신의 결정으로 자기 자신의 선택을 한다. 이때 의지는 자기결정적이 된다. 그리고 그런 상황 속에서 의지는 자신의 선택에 의해서 스스로 자기에게 좋은 것을 행한다. 즉 의지는 자신이 택한 좋은 것에서 자기 자신의 즐거움과 기쁨을 창조한다. 마치 어떤 사람이 아무도 없는 황야에서 주인 없는 땅을 자신의 소유와 재산으로 삼고, 그로 인해 즐거워하는 것과 같다. 의지는 무관심한 것들이 놓여 있는 곳에서 그것들을 더 기분 좋게 만들어주는 것이 아무것도 없음을 깨닫지만, 곧 즐거움이 의지 자신의 선택과 견인 가운데서 일어나는 것을 느낀다. 우리는 우리가 선택한 것들을 사랑한다. 그 이유는 단지 우리가 선택했기 때문이지 다른 이유는 없다.[29]

위 구절은 에드워즈가 인용한 A-자유주의자 왓츠의 글이다. 비록 비유법을 사용하고 있기는 하지만, 의지가 스스로 힘을 발휘하여 선택할 수 있다는 생각과 의지가 황야로 비유되는 무관심한 상태에 처하게 된다는 생각을 확인할 수 있다.

예를 들어, 배고픔이라는 상태는 내 안에서 원인에 해당하는 그 이전의 여러 상태[30]에 의해 발생한다. 배고픔은 내가 결정할 수 없는 생리작용의 결과물이다. 이런 종류의 상태는 무관심 상태와 질

29) 『자유의지』, 조나단 에드워즈, 정부홍 역, 새물결플러스, 2017, 193~194쪽

적으로 다르다. 하지만 빅터 프랑클Viktor Emil Frankl, 1905~1997의 나치 수용소 체험을 생각해 보자. 『죽음의 수용소에서』라는 책에서 프랑클은 인간이 극한 상황에서 돼지도 될 수 있지만, 성자도 될 수 있음을 목격한다. 그런 지옥 같은 상황에서도 누군가는 배고픔으로 죽어가는 동료에게 소중하게 보관해 놓은 빵 조각을 건네준다. 자신이 먹을지 아니면 동료에게 나눠줄지, 현실적인 배고픔 때문에 고민했을 것이다. A-자유주의자는 이런 상황에서 바로 의지의 능력이 발휘될 수 있다고 보는 것이다. 의지는 고민한다. 이때 의지는 이전의 원인-사슬 고리에서 벗어나 평형 상태에 놓인다. 그리고 의지는 마침내 스스로 결정한다. 빵 조각을 동료에게 나눠주기로.

A-자유론자의 이런 생각에 에드워즈가 반대하는 근거 두 개를 소개하기로 하겠다. 그 중 첫 번째는 현대 심리철학Philosophy of Mind[31]에서 큰 주목을 받은 격언으로 인정받고 있다.

에드워즈는 다음과 같이 가정한다. 다섯 개의 활동이 있다. 다섯 번째 활동은 네 번째 활동에 의해, 네 번째 활동은 세 번째 활동에

---

30) 인과 관계를 둘러싼 현대 논쟁에서 중요한 물음 중 하나는 인과의 관계항(Relata)을 사건(Event)으로 볼 것인지, 속성(Property) 혹은 상태(State)로 볼 것인지, 실체(Substance)로 볼 것인지, 아니면 사실(Fact)로 볼 것인지에 관한 것이다. 이는 단순히 말장난이 아니다. 관계항을 어떻게 보는지에 따라 인과 관계가 성립하기도 하고, 하지 않기도 하기 때문이다. 이 문제는 과학적 방법론으로 답하기 어렵기 때문에, 전형적인 형이상학의 문제로 분류되고 있다.
사건 인과와 사실 인과, 철학적 분석, 송하석, 2006, 23~44쪽
31) 심리 철학은 마음과 신체의 관계, 의식과 두뇌의 관계를 탐구하는 형이상학의 분과이다. 이 주제는 고대 그리스부터 탐구되어 왔다. 20세기에 신경과학의 발전과 함께 형이상학의 르네상스를 주도한 철학의 대표적인 분과다.

[그림 3] 에드워즈의 가정

의해, 세 번째 활동은 두 번째 활동에 의해, 두 번째 활동은 첫 번째 활동에 의해 일어난다고 해보자.

위의 도식을 보면, 활동은 이전의 활동으로 발생했다. 그런 의미에서 활동 1~5는 하나의 인과 사슬을 형성하고 있다. 만일 활동 5가 의지의 결정으로 발생한 활동이라고 가정해 보자. 이 경우, 직관적으로 뭔가 이상하다는 생각이 든다. 활동 5는 활동 4에 의해 발생했다. 따라서 의지의 영향력은 들어설 자리가 없다. 즉, 활동 5가 발생하는 것을 설명하는 데에 활동 1부터 4까지 만으로도 충분하다는 것이다.

이런 생각은 20세기 형이상학의 르네상스에 크게 공헌했던 철학자 김재권^{1934~2019}에 의해 더 정교하게 발전하게 된다. 김재권은 쉽게 말해서, 정신 혹은 영혼이 발휘한다고 여겨지는 인과력^{Mental Causation}에 합리적인 의문을 제기한다. 김재권은 에드워즈의 생각을 에드워즈 딕텀^{Edwards' Dictum}이라고 부른다. 이 격언은 다음과 같다.

ED: 수직적 결정은 수평적 결정을 배제한다.

여기서 '수직적'이란 말은 물리적 차원을 의미하며, '수평적'이란 말은 정신적 차원을 의미한다. 우리가 체험하는 정신적인 것은 어떤 느낌이나 욕구, 감정, 생각 등이다. 반면, 물리적 차원에 속하는 것은 우리 두뇌 속 특정 신경적 상태이다. 신경 과학의 발전으로 우리는 정신적인 것은 물리적인 것을 바탕으로 등장한다는 사실을 알고 있다. 즉, 특정한 물리 상태가 특정 정신 상태를 결정한다. 이것이 위의 격언에서 의미하는 '수직적 결정'이다.

그런데, 우리는 일상에서 내가 어떤 선택을 한 이유는 내가 이러저러한 마음을 먹었기 때문이라고 생각한다. 즉, 특정한 정신적 상태가 특정한 정신적 상태를 결정한다는 것이다. 이것이 '수평적 결정'이다. ED는 수직적 결정이 존재하면, 수평적 결정은 필요 없다고 말한다. 다른 말로 하면, 특정 정신적 상태 M을 일으킨 신경적 상태 P가 있다면, 상태 M에 대한 설명으로 충분하다는 생각이다. 에드워드의 생각을 직접 들어보자.

만약 첫 번째 활동이 자유롭지 않고 의지 밖의 어떤 것에 의해서 결정된다면, 그리고 그 첫 번째 활동이 다음 활동과 일치하는 결정을 한다면 그리고 그다음이 또 그다음을, 계속해서 그렇게 결정한다면 어떤 활동도 자유롭지 못한 활동이지만, 애초부터 모든 활동이 의지 밖에 있는 어떤 원인에 의존하고 그 원인에 의해서 결정된다. 따라서 그 경우

에는 모든 자유가 배제되고, 이 같은 자유 개념대로 하면 의지의 어떤 활동도 자유로울 수 없다.[32]

현대의 논의 맥락에서 보더라도, 매우 명료하고 설득력 있는 생각이다. 김재권은 에드워즈의 생각에서 더 나아가 아래의 두 원리를 제시한다.

- 물리 영역의 인과적 폐쇄성Causal Closure of the Physical
  만일 한 물리적 사건이 시점 t에 하나의 원인을 가질 때, 그것은 시점 t에 물리적인 원인을 가진다.
- 과잉 인과 배제Exclusion of Over-determination
  만일 한 사건 e가 시점 t에 충분한 원인 c를 갖는다면, 시점 t에서 c와 다른 사건은 e의 원인이 될 수 없다.

폐쇄성 원리는 정신이나 영혼과 같은 비물리적인 원인의 존재를 인정하지 않는다. 이는 비물리적인 원인의 개입이 에너지 보존 법칙 Law of Conservation of Energy에 위배되기 때문이다. 이 두 원리는 시점 t에 발생한 한 사건이 물리적인 원인 e 이외에 비물리적인 원인 e′를 갖는 것이 비합리적임을 보여준다.

---

32) 『자유의지』, 조나단 에드워즈, 정부흥 역, 새물결플러스, 2017, 145쪽

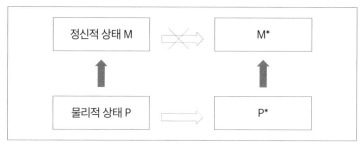
[그림 4] 수직적 결정과 수평적 결정

위 그림에서 물리적 상태 P는 물리적 상태 P*의 원인이다. 정신적 상태 M은 물리적 상태 P에 인과적으로 의존해서만 존재한다. 문제는 정신적 상태 M이 정신적 상태 M*의 원인이 될 수 없다는 것이다. 정신적 상태 M*의 원인은 물리적 상태 P*이기 때문이다. 폐쇄성 원리에 의해, 1) M은 M*의 원인이 될 수 없고, 2) 상태 P*는 M*의 충분한 원인이므로, 이외의 원인, 즉 M을 원인으로 가질 수 없다.

김재권의 원리에는 에드워즈의 격언이 반영되어 있다. 이러한 활동이 이전의 활동들로 인해 발생했다면, 이미 충분한 원인은 주어져 있다. 따라서 '의지의 결정력'이 개입할 이론적 공간은 없다.

에드워즈가 A-자유론을 거부하는 또 다른 이유는 무관심 혹은 중립 상태가 존재하는 것 자체가 이미 도덕적이지 않기 때문이다. 예를 들어, 길거리를 걷다가 우연히 강아지를 학대하는 사람을 본다고 해보자. 그는 라이터로 강아지의 꼬리에 불을 붙이며 재밌어한다. 일반적으로 그 장면을 보는 순간 도덕적으로 옳지 않다고 판단하고, 상황에 맞는 적절한 조치를 통해 개입하고자 할 것이다.

하나님을 모욕하라거나 내 아버지를 살해하라는 등 말로 다 할 수 없는 못된 짓을 하라는 제안을 받았을 때 잠깐이라도 무관심 중립 상태에 머무는 것은 상당히 악덕하고 사악한 짓이다.[33]

이 반론은 부당하다고 말할 수 있다. 왜냐하면, A-자유론자가 인간의 모든 행위에 관해 정신의 중립 상태가 존재한다고 말하지는 않기 때문이다. 하지만 이 재반론이 설득력을 가지려면, 중립 상태가 개입되는 행동과 그렇지 않은 행동을 구분해주는 모종의 조건 x가 제시되어야 할 것이다.

6장에서 현대 자유론이 고전 자유론의 난점을 어떻게 극복하고자 하는지, 또 그런 시도가 성공적인지 평가해 볼 예정이다.

칼뱅주의자의 자유의지

에드워즈는 칼뱅주의자이다. 즉 우주의 모든 사건은 신에 의해 결정되어 발생한다고 믿는다. 그러나 다른 한 편으로, 결정론에 반대한다. 결정론은 인간을 기계와 다르지 않은 존재로 보기 때문이다. 이는 신실한 기독교인으로서 신의 형상Imago Dei으로 창조된 인간

33) 『자유의지』, 조나단 에드워즈, 정부홍 역, 새물결플러스, 2017, 431쪽

의 지위에 부합하지 않는다. 게다가 결정적으로 결정론은 신의 섭리를 설명해주지 못한다.

자유론도 결정론도 부정한다면, 에드워즈에게 남은 논리적 가능성은 단 하나밖에 없다.[34] 바로 양립론이다. 실제로 에드워즈는 양립론을 지지한다.[35]

에드워즈가 생각하는 의지는 자유론자의 의지와 달리 스스로 독자적인 힘을 행사하지 않는다. 의지는 늘 가장 강한 동기The Strongest Motive에 의해서 결정된다. 동기는 이전의 활동으로 형성되므로 결정론에 부합한다. 그러나 다른 한 편, 그 동기가 실현되는 데 방해받지 않는다면 자유롭다고 보는 점에서 자유의지를 인정한다. 즉, 모든 활동은 결정되어 있다는 생각과 그럼에도 자유의지는 있다는 생각이 양립 가능하다고 주장하므로, 에드워즈는 양립론자이다.

만약 모든 것을 고려해 보고서 걷는 것이 현재 그에게 가장 유쾌하다면, 그는 걷고 싶어 할 것이다. 만약 현재 그에게 나타나 보이는 모든 것 중에서 말하는 것이 가장 유쾌해 보인다면, 그때는 말하기를 선택할 것이다. 만약 침묵을 지키는 것이 가장 마음에 든다면, 그때는 침묵을 지키기를 선택할 것이다.[36]

---

34) 물론 자유의지 문제는 인간의 지성으로 해결할 수 없다는 불가지론이나 신비주의도 있지만, 이런 견해는 배제한다.
35) 에드워즈의 양립론은 존 로크의 영향을 받은 결과물이나 여기에서는 연관성을 상세히 다루지 않는다.
36) 『자유의지』, 조나단 에드워즈, 정부흥 역, 새물결플러스, 2017, 93쪽

즉, 인간은 자신이 현재 가장 맘에 드는 쪽을 선택한다. 왜냐하면 그게 가장 강한 동기의 결과이기 때문이다. 그리고 그쪽을 택했을 때 즐거움을 느낀다. 그런데, 그 동기의 형성은 이전의 활동에 의한 결과물이다. 만일 어떤 동기가 도덕적이지 않거나, 반사회적인 활동으로 이어지는 동기라면? 에드워즈는 도덕적 책임을 어떻게 보고 있을까? 에드워즈의 해결책은 자연적 불가능과 도덕적 불가능을 구분하는 것이다.

자연적 불가능	도덕적 불가능
왕자를 해하려다 감옥에 갇힌 남자 1 만일 그가 왕 앞에 나와 엎드려 용서를 빈다면, 그는 용서받고 자유로운 몸이 될 것이다. 하지만 그는 현재 놋쇠 문과 쇠창살, 철옹벽에 묶여 있다.	**왕자를 해하려다 감옥에 갇힌 남자 2** 자비심이 많은 왕자가 감옥을 방문하여, 남자 2에게 내 앞에 엎드려 용서를 구하면 풀어주겠다는 제안을 한다. 하지만 왕자에 대한 증오와 교만으로 쉽사리 제안을 받아들이지 못한다.

[표 3] 자연적 불가능과 도덕적 불가능 예시

남자 1의 경우 왕자에게 용서를 구해서 자유로운 몸이 되고 싶어도 그럴 수 없다. 이 경우 자연적으로 불가능한 상황이다. 반면 남자 2는 감옥에서 나오는 것이 자연적으로 불가능한 상황에 있지 않다. 왜냐하면 왕자의 명령으로 경비병이 즉시 쇠사슬을 풀어주고 놋쇠 문을 열어줄 수 있기 때문이다. 다만 남자 2는 자신의 성향으로 인해 용서를 구하지 못할 뿐이다. 에드워즈는 남자 1과 달리 남자 2의 경우 책임을 물을 수 있다고 주장한다. 왜냐하면 남자 2는 비록 자신에게 기쁜 선택은 아닐지라도, 말을 못 하거나 의식이 온전치 못한 자연적인 불가능에 해당하지 않기 때문에 왕자의 제안을 받아들일 수 있기 때문이다. 즉, 자연적 불가능의 경우 책임을 물을 수 없지만 도덕적 불가능의 경우에는 그렇지 않다.

많은 이를 죽음과 불행에 빠트린 연쇄 살인마 이춘재를 생각해보자. 비록 범행에 대한 자신의 강한 성향이 있었지만, 하지 말아야 할 사회적 규칙에 복종할 가능성마저 없지는 않았다. 즉, 자신이 원치는 않지만, 사회적 규칙, 즉 자신의 사적 욕구나 이익 등으로 타인의 생명을 함부로 대해서는 안 된다는 규칙에 따르는 가능성이 완전히 닫힌 것은 아니다. 그래서 그는 다음처럼 말한다.

비록 그의 마음에 깊이 뿌리 박힌 사악한 기질로 인해 감옥에서 나오는 것이 그를 기쁘게 하기가 불가능할지라도 반역자가 원하면 감옥에서 쉽게 나올 수 있는 이상, 그에게 감옥에서 나올 수 있는 능력이 있다고 말하는 것이 적합할 것이다.[37]

어릴 적 늦잠을 자다가 어머니에게 혼난 경험은 누구에게나 있다. 아침에 나를 깨우는 어머니의 명령에 복종할 수 있다. 비록 그것이 잠을 더 자려는 나의 경향에 어긋나며, 따라서 불쾌한 선택이기

37) 『자유의지』, 조나단 에드워즈, 정부홍 역, 새물결플러스, 2017, 509쪽

는 하지만 말이다. 내가 일어날 수 있는 정상적인 뼈와 근육 등을 갖고 있다면, 즉 자연적으로 불가능한 상황이 아니라면 어머니의 명령에 따를 수 있다.

따라서 인간에게 책임을 물을 수 있다는 에드워즈의 이런 생각은 어떠한가? 설득력이 있는가? 아니면 어떤 의문점이 떠오르는가? 에드워즈의 생각은 4장에서 비판적으로 검토해 보기로 하자.

상식 UP

고대부터 근세까지 자유의지와 연관된 철학 고전은 다음과 같다(물론 중요한 고전이 또 있을 수 있다). 이 책의 독자라면, 아래의 고전을 꼭 읽어보도록 하자.

- 플라톤 『파이돈』
- 아리스토텔레스 『니코마코스 윤리학』
- 토마스 홉스 『리바이어던』
- 존 로크 『인간지성론』
- 데이비드 흄 『인성론』/ 『인간 지성에 대한 탐구』
- 조나단 에드워즈 『자유의지』
- 임마누엘 칸트 『윤리 형이상학 정초』
- 프리드리히 니체 『우상의 황혼』/ 『선악의 저편』/ 『안티크리스트』

니체의 위버멘쉬와 자유의지 회의론

아마도 철학자 니체^{Friedrich Wilhelm Nietzsche, 1844~1900}의 이름을 들어보지 못한 사람은 거의 없을 것이다. 그는 24세에 스위스 바젤대학교의 문헌학 교수가 되었으나, 10년 뒤 건강의 이유로 그만두고 이곳저곳을 떠돌며 수많은 저서를 집필했다. 그리고 이탈리아 토리노 광장에서 마부에게 채찍질을 당하는 말을 부여잡고 쓰러진 뒤 백치 상태가 되어 20세기의 시작이었던 1900년에 죽었다. 니체는 참으로 극적인 삶을 살았다. 그의 저서는 타인을 신경 쓰지 않는 독설과 독특한 비유로 다른 철학서와 매우 이질적인 느낌을 준다. 내용 역시 반시대적인 생각을 보여주고 있다.

니체를 스테디셀러 작가가 아닌, 철학자로 본다면 한 가지 독특한 점을 확인할 수 있다. 그는 자기 생각을 체계적으로 보여주지 않았다. 『비극의 탄생』이나 『도덕의 계보』 등을 제외하면, 대체로 몇 문단 이내의 짧은 글을 단편적으로 모아서 한 권의 책을 만들었다. 그러다 보니, 내용의 일관성이 다른 철학자들보다 부족한 편이다. 이런 특성은 재미를 주지만, 동시에 특정 주제에 대한 저자의 일관된 생각을 파악하기 어렵게 한다는 점에서 당혹스러운 요소이기도 하다. 자유의지에 관한 니체의 생각 역시 예외는 아니다.

니체는 과연 자유의지를 어떻게 이해하고 있을까? 쉽지 않지만, 이제부터 한 철학자의 반시대적인 생각을 냉정하게 들여다보기로 하자.

테러 지점

니체는 당시 서구의 주류 사상은 소크라테스를 근원으로 한다고 생각했다. 알다시피, 소크라테스는 철학의 탄생에 있어서 상징적인 인물들이다. 철학의 탄생은 학술 활동 일반의 탄생을 의미한다. 철학의 탄생은 근거가 없거나 부족한 신화적인 믿음에서, 객관적 근거의 설득력과 진리 여부를 판별하여 하나의 주장을 정당화하는 활동이 인류 역사에 본격적으로 등장했음을 의미한다. 플라톤의 대화편에 등장하는 소크라테스가 상대에게 자꾸 묻는 이유도 이와 연관된다. 상대의 믿음을 뒷받침하는 근거가 무엇인지, 그것이 설득력이 있는지 파악하려는 태도이다. 이런 태도는 여전히 모든 학술 활동에 필수적이다. 플라톤의 이데아론은 인간이 언젠가는 절대적으로 옳은 진리를 얻을 수 있을 거라는 낙관적인 신념을 반영하고 있다.

그런데 니체는 자신을 다이너마이트라고 부르면서, 주류 사상을 일평생 공격했다. 철학계의 테러리스트라고 할까. 테러 지점은 분명하다. 소크라테스와 그의 사상적 후계자들(플라톤, 기독교, 칸트 포함)이다. 니체는 소크라테스를 주류 사상의 우두머리로 보고 있다. 그래서 간혹 선을 넘는 비난까지 망설이지 않는다.

얼굴도 괴물, 정신도 괴물

Monstrum in Fronte Monstrum in Animo.[38]

『우상의 황혼』에서 니체는 소크라테스의 외모까지 혹평하고 있으
니 얼마나 싫어했는지 짐작할 수 있다. 그러면 왜 니체는 감정적인
반응까지 보이며 소크라테스와 그 후계자를 증오할까? 왜 그들의
사상에 테러를 가하려 할까?

약자의 발명품

결론적으로 니체는 이 세상에는 변화밖에 없다고 생각한다. 절대적
인 옳고 그름은 없다. 불변하는 것은 없다. 변하지 않는 자아, 영혼
은 존재하지 않는다. 우리가 나라고 칭하는 것은 구체적으로 무엇
인가? 신체 전체 혹은 신체 부위, 감정, 느낌, 생각 등이다. 그러나 이
런 것은 계속 변한다. 우리는 노화하고, 기억은 사라지거나 희미해
지며, 느낌과 감정은 시시각각 달라진다. 그런 변화하는 것들 너머
에 변하지 않는 자아나 영혼은 없다. 그런데도 소크라테스와 플라
톤은 영혼을 믿었고 증명하려 했으며, 칸트는 선험적 주체를 가정한

---

38) 『바그너의 경우·우상의 황혼·안티크리스트 외 - 니체전집 15』, 니체, 백승영 역, 책세상, 2019, 89쪽

다. 기독교인들 역시 영혼을 믿으며 진짜 세계로 가기를 열망한다고 니체는 생각한다.

만일 니체의 생각이 옳다면, 소크라테스는 큰 착각을 한 셈이다. 왜냐하면, 그는 절대적인 진리를 찾고자 끊임없이 논쟁했고, 영혼에 대한 믿음으로 죽음의 공포를 이겨냈기 때문이다. 영혼에 대한 소크라테스의 믿음은 변화하지 않는 주체에 대한 믿음으로 서구 지성사에 지속적인 영향을 주었다. 그러면 왜 이런 착각을 한 것일까?

니체는 이 세상이 근본적으로 힘들의 작용과 충돌로 끊임없이 변화한다고 생각한다. 힘은 기본적으로 승자가 되기를 원한다. 즉 다른 힘과 맞서 자신이 실현되기를 바란다. 그래서 세상은 힘이 서로 부딪치는 전쟁터이다. 인간에게도 예외는 없다. 인간 안에도 힘의 투쟁은 발생한다. 강한 사람은 이를 받아들이고 즐긴다. 그리고 새로운 힘이 내 안에서 실현되고, 그를 통해서 더 고귀한 삶을 살고자 자기 변신을 긍정한다. 반면, 약한 사람은 그런 사실을 받아들이거나 견디지 못한다. 그런 이유로 삶을 힘들어하며, 불편해한다. 약자는 현실의 불만족에서 상상의 나래를 편다. 이 세상 너머에 정말로 좋은 '진짜 세상'이 있다고 말이다. 약자는 삶을 부정하고 피안의 세계를 소망하게 된다. 우리는 이전에 소크라테스가 영혼을 믿었기에 죽음을 두려워하기는커녕 오히려 반겼다고 이야기했다.

어느 시대에서든 최고의 현자들은 삶에 대해 똑같은 판단을 내렸다: 삶은 별 가치가 없다고(...) 심지어 소크라테스마저도 죽으면서 말했다: "삶 - 이것은 오랫동안 병들어 있었다는 것을 의미한다네: 나는 구원자 아스클레피오스에게 닭 한 마리를 빚졌다네."[39]

당시 사람들은 병이 나으면 아스클레피오스 신에게 제물을 바치는 풍습이 있었다. 죽음을 병이 낮는 것에 비유하고 있는 소크라테스는 니체가 보기에 삶을 부정하는 약자에 불과하다. 게다가 그의 제자 플라톤이 주장한 이데아의 세계는 변화만이 가득한 이 세상에서 도피하려는 약자의 심리가 만들어낸 허구적 산물에 불과하다.

더 나아가 강한 자를 향한 복수심도 상상의 동기가 된다. 니체는 기독교의 죄, 지옥, 심판 등과 같은 개념을 약자가 강자에게 복수하기 위해 만들어낸 상상의 산물이라고 평가한다.

그리스도교 안에서는 도덕도 종교도 실재성의 어떤 부분과도 접촉하지 못한다. 순전히 공상적 원인('신', '영혼', '나', '정신', '자유의지', 또는 '자유롭지 않은 의지'도), 순전히 공상적인 효력('죄', '구원', '은총', '죄의 사함'), 공상적인 존재들 사이의 교류('신', '영', '영혼'), 공상적인 자연과학(인간 중심적이고: 자연적인 원인 개념을 완전히 결여한다),

---

39) 『바그너의 경우·우상의 황혼·안티크리스트 외 - 니체전집 15』, 니체, 백승영 역, 책세상, 2019, 87쪽

공상적 심리학(순전히 자기 오해이고, 쾌와 불쾌라는 일반 감정에 대한 해석들이다. 예를 들면 교감신경의 상태를 종교적이고 – 도덕적인 특이 성질을 가진 상징언어 – '후회', '양심의 가책', '악마의 유혹', '신의 다가옴' 등의 도움을 받아 해석해낸다): 공상적 신학('신의 나라', '최후의 심판', '영생'). – 이런 순전히 허구의 세계는 꿈의 세계와는 구별된다. 허구 세계가 실재성을 왜곡시키고 탈가치화시키며 부정하는 반면, 꿈의 세계는 실재성을 반영하기에, 이 구별은 허구 세계에는 불리한 구별이다.[40]

니체는 죄, 구원, 은총, 신의 나라 등은 약자가 강자를 처벌하기 위해 고안한 허구의 산물이기에 실재를 반영하는 꿈과는 종류가 다르다고 말한다.

니체의 자유의지 비판은 이러한 맥락에서 이해할 수 있다. 그는 자유의지가 약자가 고안해낸 허구의 산물 목록에 포함된다고 생각한다. 누군가가 죄를 지었다고 말하기 위해서는 책임 가능성을 말할 수밖에 없고, 따라서 자유의지가 가능하다고 볼 수밖에 없기 때문이다.

---

40) 『바그너의 경우·우상의 황혼·안티크리스트 외 - 니체전집 15』, 니체, 백승영 역, 책세상, 2019, 230쪽

자유의지라는 오류 – 오늘날 우리는 '자유의지'라는 개념을 더 이상 동정하지 않는다: 우리는 그것이 무엇인지 너무나 잘 알고 있다 – 그것은 신학자들의 가장 악명 높은 작품으로서, 인류를 신학자들이 말하는 의미에서 '책임 있게' 만드는 데에, 즉 인류를 그들에게 의존적으로 만드는 데에 그 목적이 있다(...) 책임이 찾아지는 곳 어디에서든 그 책임을 찾는 것은 벌을 원하고 판결을 원하는 본능이게 마련이다.[41]

나는 자유의지가 기독교 신학자들의 발명품이라는 생각에 동의하지 않는다. 아우구스티누스 같은 신학자의 역할이 자유의지 개념의 형성에 중요했다. 그러나 앞에서 살펴보았듯, 고대 그리스의 철학자들에게서 자유의지에 관한 문제의식이 이미 싹트고 있었다. 플라톤과 아리스토텔레스는 인간의 행위가 다른 사물이나 동물과는 그 종류가 다르다는 점을 간파하고 있었다. 즉, 자유의지는 특정 시대의 발명품이 아니라, 인류 지성사의 보편적인 문제라고 봐야 옳다. 뉴턴 역학이 단지 근세의 발명품이라고 볼 수 없는 이유와 같다.

아무튼 니체는 결국 자유의지 자체가 실재한다는 생각조차 틀렸다고 주장한다. 자유의지 회의론을 담고 있는 그 유명한 구절은 다음과 같다.

---

41) 『바그너의 경우·우상의 황혼·안티크리스트 외 – 니체전집 15』, 니체, 백승영 역, 책세상, 2019, 122쪽

원한다는 것은 무엇인가!(Was ist Wollen) - 우리는 태양이 솟아오를 때 방에서 나와 "나는 태양이 뜨기를 원한다"라고 말하는 사람을 비웃는다. 그리고 우리는 바퀴를 멈출 수 없으면서도 "나는 바퀴가 구르기를 원한다"라고 말하는 사람을 비웃는다. 그리고 우리는 격투에서 져 쓰러져 있는 사람이 "나는 여기에 누워 있다. 하지만 내가 원해서 누워 있는 것이다!"라고 말하는 것을 비웃는다. 우리는 이렇게 비웃지만, 우리가 '나는 원한다'라는 말을 사용할 때 저 세 사람과 다른 의미로 그 말을 사용한다고 할 수 있는가?"[42]

확실히 니체는 수사법의 달인이다. 참신한 비유로 의지의 자유는 허구라는 주장을 하고 있다. 세 가지 사례, 즉 태양, 바퀴, 쓰러진 사람의 경우 의지의 자유는 없다고 봐야 옳다. 손흥민 선수가 골대로 공을 찼는데, 공이 '나는 내가 원해서 골대로 날아가고 있어!'라고 말하는 장면을 상상한다면, 웃음이 나올 수밖에 없다.

니체는 우리가 일상에서 자유롭게 선택한다는 믿음 자체가 웃음거리라고 주장한다. 왜? 모든 일은 힘의 투쟁에 의한 결과물이기 때문이다. 그 누구도 배고플 시각을 정해놓고 생리 활동을 조정하지 못한다. 개에게도 못 준다는 성격을 스스로 창조하여 태어난 사람은 아무도 없다.

---

42) 『아침놀 - 니체전집 10』, 니체, 박찬국 역, 책세상, 2004, 126쪽

그래서 철학자 레이터[Brian Leiter, 1963- 는 니체가 자유의지를 부수현상 Epiphenomena으로 본다고 주장한다.[43] 부수현상이란 무엇인가? 예를들어, 하늘을 나는 비행기를 생각해 보자.

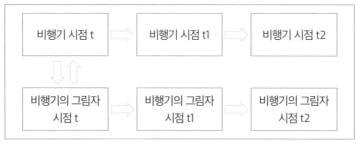

[표 5] 부수현상의 예시

비행기가 시점 t에서 t2로 날고 있다. 그런데 지표면에 비행기의 그림자가 생겼다. 이때 그림자는 비행기에 의존적이지만, 그 역은 성립하지 않는다. 그래서 비행기의 그림자는 비행기에 그 어떤 인과적인 힘도 행사하지 못한다. 즉 인과적으로 무력하다. 만일 비행기의 그림자가 "야호! 내가 이 멋진 비행기를 날게 하고 있어!"라고 말한다면, 니체식 비웃음을 살 수밖에 없다.

내가 자유롭다는 생각은 비행기의 그림자와 같다. 마음먹기에 달려있다고 생각하지만, 그 마음이란 것도 비행기의 그림자이다. 그래서 "두고봐. 나는 마음 먹은 대로 뭐든지 할 수 있어!"라고 말한다면,

---

43) B. Leiter, Nietzsche's Theory of the Will, Philosophers' Imprint, Volume7, No.7, 2007, p. 1

니체식 비웃음을 사게 된다.

레이터의 지적처럼 니체의 자유의지 회의론은 현대의 회의론자, 가령 심리학자 웨그너^{Daniel Merton Wegner, 1948~2013}의 그것과 매우 유사하다. 웨그너 역시 여러 심리학적 실험을 통해 자유롭다는 체험은 허구^{Illusion}라고 주장했다.[44] 5장에서 우리는 현대 결정론자들의 논증에 대해 알아보게 될 것이다.

실패한 프로젝트?

나는 철학자가 아닌 일반 독자로서 니체를 매우 사랑한다. 동네 야시장에서 처음 만난 차라투스트라는 10대 시절의 지적 호기심과 예민한 감수성을 강하게 자극했으며, 스물네 살에는 독일 유학에 가서 『차라투스트라는 이렇게 말했다』를 독어 원서로 낭독하면서 독일어 발음 연습을 하곤 했다. 물론 유명한 구절을 원서로 읽는 즐거움은 우중충한 브레멘 날씨를 거뜬히 이길 수 있게 해준 여러 원동력 중 하나였다.

그러나 어느새 전문 철학자가 되었고, 그래서 니체의 저서를 단지 감동만 하며 읽을 수가 없게 되었다. 특히 자유의지 문제를 전문적으

---

44) D. M. Wegner, The Illusion of Conscious Will, Harvard University Press, Cambridge, Mass, pp. 8~9

로 연구하면서, 개인적으로 좋아하는 사상가를 비판적으로 검토해야만 했다. 가끔 니체가 살아 돌아와서 이 문제로 그와 토론하는 상상을 하곤 한다. 선배 철학자인 소크라테스를 괴물이라고 비난했던 그가 나 같은 풋내기 철학자의 비판을 듣기 싫어할 것 같진 않다.

정리해 보자. 니체는 자유의지를 부정했다. 그런데 다른 한 편으로 니체는 독자에게 새로운 가능성을 실현하라고 권하고 있다. 위버멘쉬[Übermensch45]가 되라고, 주어진 삶을 긍정하라고, 군중이 아닌 귀족으로 고귀한 삶을 창조하라고, 내 안에 빛나는 별을 창조하라고, 낙타에서 사자로, 사자에서 어린아이가 되라고 설득하고 격려하고 있다.

그런데 만일 우리에게 의지의 자유가 없다면, 어떻게 니체의 생각을 말 그대로 실천할 수 있을까? 그걸 실천할 수 있는 능력과 조건을 타고난 소수의 사람에게만 해당하는 이야기이지 않을까? 그렇다면, 니체의 생각은 빛 좋은 개살구에 불과하지 않을까?

우리는 일상에서 이런 과분한 요구를 경험하거나 상상해 볼 수 있다. 동네에서 취미로 축구를 하는 사람에게 월드컵에 나가서 우승 트로피를 얻어내라는 요구를 할 수 있을까? 음치에 박치인 사람에게 빌보드 차트 10위 안에 드는 가수가 되라고 요구할 수 있을까?

---

45) 위버멘쉬(Uebermensch)는 '~위에', '등의' 뜻을 가진 전치사 ueber와 인간을 뜻하는 Mensch를 니체가 합성해서 만든 단어이다. 위버멘쉬는 종종 영미권에서 Superman으로 번역되곤 하지만, 이 번역어는 본래의 의미를 오해하기 쉽게 한다. 위버멘쉬는 자기 자신을 끊임없이 극복해 나가는 새로운 유형의 인간을 의미한다.

상식적으로 이런 요구는 매우 부당하다. 왜냐하면 이 요구는 특정한 조건을 갖춘 사람만 실현할 수 있기 때문이다.

"나는 과거의 나를 극복하고 새로운 자아를 창조하는 삶을 살 거야!"라고 말한다면, 태양, 바퀴, 쓰러진 사람과 다를 바가 뭐가 있을까. 니체식 비웃음을 살만하지 않은가.[46]

이런 어려움은 앞에서 말했듯, 니체의 특이한 글쓰기에서 일부 기인한다. 그의 단편에서 진지한 형이상학적 문제에 대한 단서를 찾기를 원한다면, 한 번 도전해 보기를 바란다. 그 단서로 일관성 있는 생각을 그려내는 작업은 근사하지만, 성공을 장담하기 힘든 모험일 것이다.

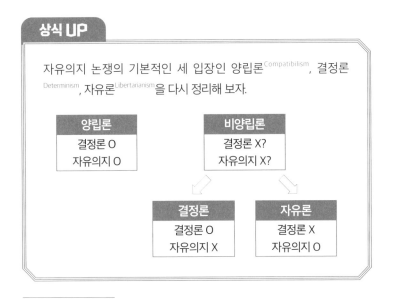

상식 UP

자유의지 논쟁의 기본적인 세 입장인 양립론[Compatibilism], 결정론[Determinism], 자유론[Libertarianism]을 다시 정리해 보자.

양립론	비양립론
결정론 O 자유의지 O	결정론 X? 자유의지 X?

결정론	자유론
결정론 O 자유의지 X	결정론 X 자유의지 O

---

46) 필자는 이 문제를 해결하고자 니체를 사건-인과 자유론자로 해석할 가능성이 있음을 보여주는 논문을 국·내외 처음으로 발표한 바 있다. 능력주의와 새로운 귀족주의-사건-인과 자유론자로서의 니체, 김남호, 철학 제155집, 한국철학회, 2023

새로운 자아를 창조하는 일은 어떻게 가능한가?
마음먹기에 달려 있다는 말은 진실일까?
만일 자유의지가 없다면,
그 모든 믿음은 그림자와 같은 허상일 뿐이다.

4장

양립론과 그 난점

교묘한 속임수
프랭크퍼트식 양립론

4

양립론과
그 난점

우리는 지금까지 '자유의지'라는 개념과 세 개의 기본 입장이 역사
적으로 어떻게 형성되었는지 살펴보았다. 나는 의지의 자유라는 생
각이 특정 시대의 발명품이라는 생각에 동의하지 않는다. 니체는
그 생각이 신학자들의 발명품이라고, 유발 하라리는 상상의 산물이
라고 주장한다. 그러나 특정 학자의 생각을 진리로 믿고 평생을 살
고자 한다면, 철학을 하지 말라고 권하고 싶다. 이 말은 그 누구도
믿지 말라는 말이 아니다. 논증을 검토해 보고, 더 나은 논증을 내
놓으려는 활동을 소홀히 하지 말라는 것이다. 사실 이런 태도가 지
금까지 인류의 지적 진보를 가능하게 한 원동력이기도 하다. 학자가
아니라도 가만히 보면 논증의 허점이 보인다. 진리 앞에서 겸허한 태

도로 그 허점을 파헤쳐 볼 권리는 누구에게나 열려 있다.

현란한 홍보와 광고, 과장된 영웅시, 천재와 광인의 프레임, 베스트셀러의 후광에서 한 걸음 물러서자. 섣불리 주장만 내뱉고 문제를 덮으려는 성급함과 맞서 싸우자. 당신이 책 속의 말에 동의하는 이유는 필자가 천재나 영웅이라서, 이 책이 베스트셀러라서가 아닐 것이다. 그와 무관하게 내 말이 진실이라고 믿기 때문일 것이다.

이제 양립론, 결정론, 자유론이 어떤 난점에 직면해 있는지 살펴보자. 그리고 커넥톰, 챗GPT의 등장이 이 논쟁에서 어떤 의미가 있을지 전망해 보자. 물론 이 책을 읽고 나서, 이 책 역시 한 걸음 물러서서 보기를 바란다.

교묘한 속임수

홉스와 흄식의 양립론(고전적 양립론)에 대해 임마누엘 칸트[Immanuel Kant, 1724~1804]는 그의 『실천이성비판』에서 '하찮은 말장난', '형편없는 속임수'라고 혹평하였다. 미국의 철학자 윌리엄 제임스[William James, 1842~1910] 역시 호의적이지 않다.

실재하는 사실상의 쟁점을 그냥 덮어버린 회피의 수렁이다(...) "자유의지"로 무엇을 의미하든지 문제는 존재하며, 그것은 사실의 문제이지 말의 문제가 아니다.[47]

'말장난', '말의 문제'라는 표현을 볼 때, 두 철학자 모두 양립론이 그럴싸한 말로 문제를 해결한 것처럼 보이게 만들었다고 이해하고 있음을 짐작할 수 있다. 그 이유는 무엇일까?

양립론은 내가 하고 싶은 것이, 방해하는 요소가 없이 실현될 때 나는 자유롭다고 주장한다. 이때 나의 욕구는 이전의 원인과 결과의 사슬에 의해 생긴 결과물이므로 결정론에 동의한다. 한편, 나는 자유롭게 선택했기 때문에 결정론이 옳아도 자유로운 행위는 가능하다는 데에도 동의한다. 그러나 이런 주장은 우리에게 실재에 대해 말해주는 바가 없다. 자유의지 논쟁에서 지성인들이 관심을 갖는 문제는 '결정론이 옳다고 가정했을 때, 다른 결정을 할 수 있는 힘이 존재하는가'이다. 양립론자들은 이미 결정론이 옳다고 가정하고 있다. 그래서 나의 욕구는 이미 이전의 원인에 의해 발생하였다. 외부의 방해나 강요 없이 그 욕구를 실현하는 것이 자유라면, 이는 단지 언어상 문제 해결일 뿐이다. 누구라도 자기가 하고 싶은 바를 방해받지 않고 한다면, 자유롭다고 느낄 것이다. 우리가 궁금한

---

47) 이 구절은 제임스의 짧은 논문(The Dilemma of Determinism)에 나온다. 제임스는 양립론 대신에 약한 결정론(Soft Determinism)이란 표현을 쓰고 있다는 점에 주의해야 한다.

점은 주어진 욕구를 실현하지 않고, 다른 선택을 할 힘이 자연 내에 있느냐는 점이다. 이는 단순히 말의 문제가 아니라, 실재의 본성Nature에 관한 문제이다.

양립론이 단지 말장난이라는 칸트의 혹평이 이해된다. 양립론자가 말하는 자유로운 행위는 기껏해야 행위의 자유에 관한 것일 뿐이다. 의지의 자유 가능성을 말하려면, 행위의 본성 혹은 행위자의 본성에 관해 언급하지 않을 수 없다. 왜냐하면, 의지라는 힘은 다른 자연 내에 관찰 가능한 힘과 달리 행위를 낳기 때문이다. 행위는 다른 자연 사건과 달리 행위자의 의도, 목적을 반영하고 있다. 그리고 행위는 행위하는 주체, 즉 행위자Agent 개념과 맞물려 있는 듯이 보인다.

마크 발라규어Mark Balaguer는 이런 이유로 두 종류의 자유의지가 있다고 주장한다. 1) 흄-방식의 자유의지Hume-style Free Will 2) 먼저 결정되지 않은 자유의지Not-predetermined Free Will가 그것이다. 발라규어는 흄-방식의 자유의지는 부정하기 힘든 진리라고 주장한다. 특별한 방해 없이 자신이 원하는 일을 해본 사람이라면 흄-방식의 자유의지가 가능하다는 점에 동의할 수밖에 없다. 그러나 위에 언급한 이유로 흄-방식의 자유의지(더 넓게는 고전적 양립론)는 형이상학의 논쟁에서 벗어난 입장이다. 발라규어가 보기에 자유의지에 있어 정말 중요한 것은 이전의 물리적 원인에 의해 결정되지 않은 선택이 가능하냐는 점이다. 쉽게 말해서, 자유의지 논쟁은 결국 결정론이 옳으냐 자유론이 옳으냐의 문제로 귀결된다. 즉, 선택의 능력이 없거나 있거나 둘 중 하나가 옳다. 고전적 양립론은 이 논점에서 벗어난 말장난일 뿐이다. 게다가 고전적 양립론은 행위 책임의 문제에 관해 설득력 있는 설명을 하지 않았다. 욕구가 결정된 것이라면, 아무리 외부적 방해가 없었다고 하더라도 행위의 책임이 행위자에게 궁극적으로 있다고 말할 수 없기 때문이다.

그러나 양립론의 새로운 발전 가능성 자체를 부정하기엔 이르다. 20세기에 등장한 프랭크퍼트는 양립론이 책임의 문제에 답을 줄 수 있으며, 행위의 본성에 관해 말할 수 있음을 보여주고 있기 때문이다.

사고력 UP

다음과 같은 상황을 상상해 보자.

어떤 독재국가에서 자국민을 대상으로 뇌-조종 실험을 한다고 해보자. 무작위로 선택된 시민들은 납치된 순간 마취되어 두뇌 안에 신경 칩이 이식된다. 국가는 이 신경 칩을 통해서 피실험자가 특정한 반사회적 행동을 하도록 조종한다. K 씨는 별안간 살인 충동을 느껴 근처 행인에게 달려들어 살인을 저질렀다. K 씨를 방해하는 외부적인 요인은 아무것도 없었다. K 씨는 자기 욕구에 따라 행동했다. 이 경우 K 씨에게 책임을 물을 수 있는가?

프랭크퍼트식 양립론

해리 프랭크퍼트Harry Frankfurt, 1929~2023는 고전적 양립론에 결함이 있더라도 양립론 자체를 포기할 필요는 없다고 생각한다. 그는 욕구의 위계 이론Hierarchical Motivation Theory을 통해 새로운 이론적 가능성을 선보이고자 한다.

욕구의 위계

고전적 양립론에서 자유로운 행위란 강제나 방해의 부재를 의미했다. 그러나 이런 의미로서의 자유란 행위의 자유이지 의지의 자유는 아니다. 프랭크퍼트는 욕구를 2단계로 나눠서 의지의 자유를 설명하고자 한다. 1차 욕구First-order Desires는 말 그대로 무언가를 하고자 하는 원초적 욕구이다. 물을 마시고 싶거나, 노래를 부르고 싶거나, 한밤중 라면을 먹고 싶은 욕구 등이 그것이다. 프랭크퍼트에 따르면, 1차 욕구 외에도 2차 욕구Second-order Desires가 있다. 2차 욕구는 욕구에 대한 욕구이다. 예를 들어, 한밤중 라면을 먹고 싶은 욕구가 생긴다. 그러나 나는 라면을 먹고자 하는 욕구가 실현되지 않도록 2차 욕구를 갖는다. 그래서 라면을 먹지 않는다.

프랭크퍼트에 따르면, 인간이 다른 동물과 다른 이유는 2차 욕구를 갖기 때문이다. 다른 동물들은 1차 욕구에 지배받지만, 인간은 그렇지 않다. 인간은 1차 욕구를 실현하고자 하는 욕구, 혹은 실현하지 않고자 하는 욕구, 즉 2차 욕구를 갖기 때문이다.

프랭크퍼트의 양립론은 고전적 양립론과 달리 자유로운 행위의 본성에 관해 말해준다. 자유로운 행위는 외부적 강제나 방해 없이 실현되는 행위가 아니라, 행위자의 2차 욕구에 의해 내적으로 통제된 행위이다.

프랭크퍼트는 1차 욕구와 2차 욕구 사이에 반성적 자기-평가 Reflective Self-evaluation가 개입된다고 주장한다. 반성적 자기-평가란 자신이 가진 욕구와 자신이 해야만 하거나 하지 말아야 하는 것에 관해 생각할 수 있는 능력이다. 누군가 흡연 욕구를 가질 때, 그는 잠시 생각에 잠길 수 있다. 금연은 더 건강한 삶을 보장해준다는 믿음, 흡연자가 겪게 될 여러 부작용을 피하고 싶은 두려움 등이 그것이다. 그런 반성적 자기 평가 후에 그가 흡연을 하지 않는다면, 그는 자유로운 행위를 한 것이다. 왜냐하면, 이 경우 그는 단순히 1차적 욕구에 즉각 순응하지 않고, 일련의 숙고 후에 1차적 욕구를 충족하고자 하는 2차적 욕구를 가졌기 때문이다. 그는 2차적 욕구를 의지 Volition라고도 부른다.

프랭크퍼트는 마약 중독자의 예를 든다. 그는 마약에 대한 심한 충동에 사로잡힌다. 만일 그가 그 충동에 즉각적으로 굴복하지 않고 마약의 무서운 부작용, 자신과 가족의 행복한 삶을 향한 욕구 등에 관한 생각으로 그 충동이 실현되는 것을 이긴다면, 그는 자유로운 행위를 한 셈이다. 또한 그러한 생각 끝에 마약을 택한다 해도, 그는 자유롭다. 반면, 마약의 충동을 이기지 못하고 결국 1차적 욕구에 굴복한다면, 그는 자유롭지 못하다. 즉, 2차적 욕구를 가진 존재만 자유롭거나 자유롭지 않을 수 있다.

방종체 Wantons

프랭크퍼트는 욕구의 위계질서 이론에서 인간이 인격체 Person일 수 있는 이유를 설명한다. 인간은 1차 욕구에 즉각적으로 순응하지 않는다. 자신이 가진 욕구의 정체를 반성할 수 있다. 자신이 무엇을 해야만 하고 하지 말아야만 하는지 반성할 수 있다. 이런 능력이 우리 인간을 인격체로 만들어준다. 그러나 1차 욕구에 즉각적으로 순응하는 인간은 다른 동물과 다를 바 없다. 프랭크퍼트는 이런 존재를 방종체 Wantons라고 부른다.[48]

방종체에게는 2차 욕구와 반성적 자기 평가가 어떤 이유에서인지 빠져 있다. 그래서 방종체는 1차 욕구가 무엇이든 순응한다. 그

---

48) 방종체 개념에 관해서는 다음 논문이 중요하다. Harry Frankfurt, "Freedom of the Will and a Concept of a Person," in Gary Watson. ed., 2nd ed., Free Will (Oxford: Oxford University Press, 2003), pp. 322~336

들은 자신이 가진 욕구에 관해 깊이 생각하지 않는다. 또 무엇을 해야 하고 하지 말아야 하는지도 생각하지 않는다. 그냥 되는 대로 행동할 뿐이다. 안타깝게도 방종체는 현실에 존재한다.

범행 동기는?

"없다. 자꾸 범행 동기를 물어보는데 아무런 생각 없이 했다"[49]

위 대화는 1980년대 중반부터 1990년대 초에 발생한 이춘재 연쇄살인 사건의 진범 이춘재가 프로파일러에게 했던 대답이다. 이춘재는 프랭크퍼트의 방식으로 말했을 때 방종체로 보인다. 적어도 범죄와 관련해서는 2차 욕구도, 반성적 자기 평가도 찾아보기 어렵다. 그는 아무런 생각이 없었다. 그저 반사회적 욕구의 명령에 따라 움직였을 뿐이다.

프랭크퍼트에 따르면, 방종체의 범위는 인간 이외의 동물들, 특정 나이까지의 어린아이를 포함한다. 그리고 이춘재와 같은 일부 성인을 포함한다. 프랭크퍼트는 이런 방종체는 인격의 지위를 가질 수 없다고 주장한다. 인간 방종체는 자신의 욕구가 무엇인지 모르지는 않는다. 즉, 자신의 욕구에 대해 인지하고 있다. 다만 그 욕구를 개의치 않고, 주저함 없이 실행할 뿐이다. 먹고 싶으면 그냥 먹고, 자고

---

49) "이춘재는 담담하게 말했다", 조철오 기자, 조선일보, 2020.11.02,
    https://www.chosun.com/national/court_law/2020/11/02/XVEIU3Z26ND3RP7655HNOJ6BKQ/

싶으면 자는 어린아이를 생각해 보라. 자기 욕구는 인지하지만, 2차 욕구가 개입되지 않은 상태로 행동한다.

그렇다면, 방종체는 책임의 주체일 수 있을까? 방종체의 행위에 책임을 물을 수 있을까? 사육사를 덮쳐 죽음에 이르게 한 호랑이에게 책임을 물을 수 없듯이, 이춘재에게 책임을 물을 수 없지 않을까? 어린아이에게도 엄중한 책임을 물을 수가 없다. 이들은 방종체이니까 그러려니 하지만 이춘재는 방종체가 아닐 수도 있다. 이는 잠시 후, 다음 주제에서 생각해 보기로 하자.

우선 프랭크퍼트의 욕구 위계 이론이 왜 양립론인지부터 알아보자. 프랭크퍼트는 인간의 욕구는 결정되어 있을 수 있다고 주장한다.

어떤 인격체가 원하는 것을 원하는 대로 원하는 것이 인과적으로 결정된다는 것은 가능하다. 만일 이것이 가능하다면, 한 인격체가 자유의지를 향유하는 것도 인과적으로 결정된 것일 수 있다.[50]

프랭크퍼트는 결정론을 옹호하지만, 의지의 자유가 가능하다고 주장하기 때문에 양립론자로 분류된다. 그런데, 그가 말한 2차 욕구도 인과적으로 결정된 것이라면, 의지의 자유에 관한 그의 생각 역시 설득력을 얻기 힘들지 않을까? 프랭크퍼트는 여기서 매우 대담

---

50) Harry Frankfurt, 2003, p. 336

한 주장을 한다. 행위의 책임을 묻는 데 '다르게 행동할 가능성'이라는 조건이 꼭 필요하지 않다는 것이다. 즉, 욕구가 결정되어 있더라도, 그에게 책임을 물을 수 있다는 것이다. 왜 그럴까?

마틴 루터 사례

95개 반박문으로 교회의 눈 밖에 난 마틴 루터^{Martin Luther, 1483~1546}. 1520년 7월 15일, 교황 레오 10세는 루터에게 60일의 시간을 줄 테니 주장을 철회하라는 마지막 경고장을 보낸다. 그러나 루터는 그 경고장을 사람들이 보는 앞에서 불태워 버린다. 그리고 1521년 새로운 황제 찰스 5세가 보름스 국회^{Diet of Worms}에 루터를 세워 그의 주장을 철회할 것을 요구한다. 루터는 황제와 의회 앞에서 그 유명한 말을 남긴다.

Hier stehe ich, ich kann nicht anders, Gott helfe mir, Amen.

나는 여기에 서 있고, 다르게 할 수 없습니다.

신이시여 저를 도우소서, 아멘.

루터는 자신이 다른 선택을 할 수 없다고 고백한다. 자신의 주장을 철회하는 선택은 그에게 이미 닫혀있다. 그는 그저 서 있는 것 외에는 할 수 있는 게 없다. 그러나 이 말이 곧 자신에게 책임이 없다는 뜻은 아니다. 달리 행동할 수 없으나, 책임은 전적으로 자신이 지겠다는 결의에 찬 외침으로 해석되어야 옳기 때문이다.

루터의 사례가 의미하는 바는 무엇일까? 행위의 책임을 위해서 '다르게 행동할 가능성'이라는 조건이 꼭 필요하지 않다는 것이다. 즉, 행위자가 다르게 행동할 수 없어도 그에게 책임을 물을 수 있다는 생각이다.

다음과 같은 상황을 상상해 보자.

K는 한 번 마음 먹은 계획은 무슨 일이 있어도 실현하고야 마는 인간이다. 그런데, K는 독재국가가 비밀리에 수행 중인 프로젝트의 실험자로 선정된다. 그래서 K는 본인이 눈치채지도 못할 만큼 신속하고 정교하게 납치되어 두뇌 안에 칩이 삽입된다. 독재국가는 그 칩을 통해서 K를 원격 조종하여 Y라는 인물을 제거하고자 한다. 그런데, 하필 K는 모종의 사건 사고로 Y에게 증오를 품고 그를 없애고자 마음을 먹는다. 어느 날 K는 Y와 마주친다. 그리고 독재국가의 실험자들은 칩을 통해 K에게 Y를 살해하라는 신호를 주었다. 동시에 K는 자신이 마음먹은 일, 즉 Y를 살해하는 일을 실행한다.

두뇌 속 칩이 정교하게 작동된다는 가정하에, K가 다르게 선택할 가능성은 없다. 그가 Y를 살해하기로 마음먹지 않았더라도 그는 칩에 의해 Y를 없앴을 것이기 때문이다. 반대로 신경 칩이 작동하지 않았더라도, 그는 Y를 없앴을 것이다. 그러나 그렇다고 해서, K가 Y를 살해한 것에 책임을 물을 수 없는 것은 아니다. K가 Y와 마주쳤을 때 그를 살해하는 일 외에 다른 선택의 가능성은 없었다. 하지만 K는 Y의 죽음에 분명 책임이 있다.

K는 Y를 없애고자 하는 자신의 1차 욕구에 의지하였다. 그래서 그는 자유로운 행위를 했다. 이춘재는 방종체가 아닐는지 모른다. 그에게 1차 욕구를 실현하고자 하는 2차 욕구가 있었다면, 그는 방종체가 아니다.

교도소에서 그와 함께 생활했던 한 지인은 이날 방송에서 이춘재가 수감생활 중 보관하고 있던 3장의 사진에 대해 털어놨다. 교도소 지인은 이춘재가 사진에 매우 민감하게 반응했다고 밝혔다. 그는 "장난으로 사진 3장을 보다가 '형님 이거 좋네요. 한 장 가져갈게'라고 하자 그가 '(사진) 안 가져가기로 했잖아'라며 버럭 성질을 냈다"고 말했다.[51]

51) '모범수' 이춘재, 소중히 간직한 사진 3장, 강태현 객원기자, 국민일보, 2019.10.16,
    http://news.kmib.co.kr/article/view.asp?arcid=0013790319

이춘재는 수감생활 중에도 여성의 은밀한 부위가 노출된 사진을 갖고 있었다. 그의 내면에 삐뚤어진 욕구와 그에 대한 충족은 여전히 도사리고 있는 듯 보인다. 어떤 욕구라도 상관없는 방종체와 성격이 다르다. 그는 자신의 1차적 욕구를 욕구하는 2차적 의지를 갖고 있었다. 그래서 집요하게 희생자를 찾아다녔다. 결코 용납될 수 없는 욕구의 노예가 되도록 스스로 의지하였다. 그래서 이춘재는 자신의 범죄에 책임이 있다.

루터 등의 사례는 다른 선택의 가능성이 없어도 책임을 물을 수 있음을 논리적으로 보여주고 있는 듯 보인다. 하지만 문제가 완전히 해결된 건 아니다. 이미 보았듯, 프랭크퍼트는 2차 욕구가 결정된 것일 수 있음을 인정하고 있다. 만일 2차 욕구조차 결정된 것이라면, 우리의 행위는 번개가 치거나, 사자가 조련사를 덮치는 사건과 같은 자연적 사건임을 의미하지 않을까? 따라서 2차 욕구, 의지의 역할은 허울 좋은 포장지에 불과하지 않을까? 비행기의 그림자와 같은 부대현상에 지나지 않을까? 결국 결정론과의 차이도 없어지는 게 아닐까?

양립론은 말장난에, 교묘한 속임수에 불과하다는 선대 철학자들의 비판에서 프랭크퍼트식 양립론은 얼마나 더 진보했는가?

우리는 실재를 엿볼 수 있을까?
과학의 진보는 실재에 더 가까이
가게 해주는 걸까?
아니면, 인간은 영영 실재를
인식할 수 없는 걸까?
천동설보다 지동설에 대한 믿음이
실재에 더 가까이 가게 해주지
않았을까?

결정론과 그 난점

5

결정론과
그 난점

언론매체나 방송 프로그램에서 가끔 현대 심리학 실험에 관한 내용이 소개된다. 이에 따르면, 우리는 자신이 확신하는 것보다 무의식의 영향을 많이 받는다고 한다. 여행지를 선택할 때 얼마 전 방송에서 본 장소를 선택할 수 있고, 물건을 구매할 때 최근에 본 광고의 영향을 받을 수 있다. 물론 무의식적 영향의 범위는 훨씬 넓다. 나의 타고난 기질, 주위 사람들의 조언, 그날의 기분 등이 내가 무언가를 선택하거나 판단할 때 영향을 줄 수 있다.

지그문트 프로이트Sigmund Freud, 1856~1939가 무의식 개념을 공식적으로 선보인 이후, 현대 심리학은 우리가 무의식의 영향을 크게 받는다고 주장한다. 플라시보 효과Placebo Effect, 피그말리온 효과Pygmalion Effect,

공포 마케팅Fear Marketing 등이 그것이다. 그러나 우리가 생각해봐야 할 물음은 다음과 같다.

우리가 쉽게 무의식의 영향을 받는다는 사실로부터 우리가 전혀 자유롭지 않다는 결론을 내릴 수 있을까? 현대 심리학의 실험은 우리에게 자유의지가 없다는 결론을 받아들이게 할 만큼 결정적인가?

앞으로 더 강력한 결정론 옹호 논증을 알아보도록 하자.

리벳 - 헤인즈 실험과 후험 논증

우리가 아는 지식 중에는 경험을 해봐야 알 수 있는 지식도 있지만, 경험하지 않고도 아는 지식이 있다. 지구의 위성이 몇 개인지는 직접 확인해봐야 알 수 있다. 서울 거주자들이 시골 거주자들보다 삶에 일반적으로 더 만족을 느끼는지는 통계를 통해 확인해봐야 알 수 있다. 그러나 삼각형이 무엇인지 알기 위해서 전 세계에 존재하는 모든 삼각형 모형을 관찰할 필요는 없다. 삼각형은 내각의 합이 180도인 도형이라는 사실은 우리가 생각해 보면 알 수 있다. 증명이 바로 그것이다.

자유의지를 옹호하거나 부정하는 논증도 경험을 통해 관찰할 수 있는 결과를 주요 근거로 내세우는 경우가 있는가 하면, 경험적 관찰 없이 합리적인 사유 활동을 통해 얻은 결과를 근거로 내세우는 경우도 있다. 편의상 전자를 후험 논증, 후자를 선험 논증[52]이라고 분류한다.

경험 증거를 강조하는 결정론 논증에서 자주 등장하는 실험이 바로 벤야민 리벳Benjamin Libet, 1916~2007의 실험과 그 이후에 등장한 존 딜런 헤인즈John-Dylan Haynes, 1971~의 실험이다.

리벳은 1980년대 초반에 우리가 리벳-실험이라 불리는 실험을 하였고, 그 결과는 오늘날까지 회자될 만큼 논란을 불러일으켰다. 원래 이 실험은 1960년대 독일의 생리학자들이 고안한 실험이었다. 리벳은 1,000분의 1초 단위로 측정할 수 있는 큰 시계 앞에 피실험자들을 앉혔고 그들의 머리에 뇌 활동을 측정할 수 있는 장치를 부착하였다. 그리고 그들 앞에는 빨간 버튼이 있었다. 실험은 매우 단순하다. 피실험자들은 버튼을 누르고 싶다는 생각이 들 때 시침의 위치와 실제 버튼을 누를 때 시침의 위치만 알려주면 되었다. 리벳의 관심은 1) 버튼을 누르고자 하는 의식적인 결심 2) 준비전위Readiness Potential 감지(뇌 활동 감지) 3) 손가락으로 버튼을 누름 가운데 시간상 무엇이 먼저 발생하는지였다. 그는 1) - 2) - 3) 순으로 발생할 것

---

52) 선험은 아 프리오리(A poriori), 후험은 아 포스테리오리(A posteriori)로 번역하며, 이 번역어는 근세 철학자 칸트 때문에 널리 알려지게 되었으나, 사실 고대 로마 사상가인 키케로(Cicero)가 제안한 표현이다.

으로 예측하였다. 하지만 실험은 2) - 1) - 3) 순으로 발생한다는 걸 보여주었다. 즉, 2) 준비전위가 감지되고 평균 0.5초 뒤에 1) 버튼을 눌러야겠다는 의식적 결심이 발생한 것이다.

결정론 옹호자들은 이 실험의 결과를 매우 반겼다. 뇌 활동이 먼저 발생하고 난 뒤에 의식적 결심이 나왔다는 결론이다. 결정론자들은 이로부터 '의식적 선택은 뇌 활동의 결과물'이라는 일반적 결론을 도출해낸다. 정작 실험을 했던 리벳은 결정론자들의 해석을 끝까지 받아들이지 않았지만 말이다. 그는 뇌와는 근본적으로 다른 정신의 존재와 그 힘을 믿었기 때문이다.

아무튼 리벳 실험의 결과를 결정론적으로 해석하면 다음과 같은 내용이 된다. 당신이 '시원한 물 좀 마셔볼까'라고 의식적으로 생각하고 결심하기 평균 0.5초 전에 이미 당신의 두뇌는 활동하였다. 이것을 리벳 실험에서는 준비전위라고 부른다. 당신이 생각하기 전에 이미 두뇌는 '물 마실 결심'을 했다는 것이다. 의식적 결심은 그림자와 같은 부대현상에 지나지 않는다. 그림자가 비행기의 속도나 방향에 아무런 영향을 주지 못하듯, 당신의 의식적 결심도 그렇다. 그것은 단지 두뇌 활동이 낳은 부산물일 뿐이기 때문이다.

결정론자들은 이 실험에 대한 해석을 통해 실험실 밖의 이야기를 일관성 있게 설명하고자 한다. 실험실 안뿐 아니라, 일상 속 모든 선택에 관해서도 같은 이치가 적용된다고 생각한다. 일부 독자는 리벳 실험이 과학실험치고는 허술하다는 이의를 제기할지 모른다. 직접

눈으로 시침을 확인해서 보고하는 방법을 사용했기 때문이다. 그렇다면, 최첨단 장비를 사용한 실험 결과를 알아보자.

헤인즈 연구팀은 2008년 뇌기능 fMRI^(자기공명영상) 기법을 이용해 리벳보다 더 정교한 실험을 진행했다. fMRI는 두뇌 안에 산소의 증가량을 측정하는 장치이다. 두뇌가 활동하는 데에 산소가 필요하며, 혈액을 통해 공급되는 산소를 특정 부위에서 받아들이고, 소모하면 소위 BOLD 신호^(Blood Oxygen Level Dependent Signal)가 증가한다. BOLD 신호가 증가하는 부분은 컴퓨터 화면상 노랑-주황-붉은색 순으로 밝아지며, 그 반대는 노랑-파랑색 순으로 어두워진다.

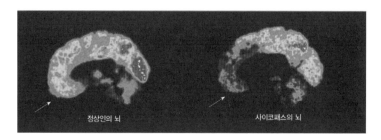

정상인의 뇌　　　　사이코패스의 뇌

[그림 6] fMRI로 비교한 정상인의 뇌와 사이코패스의 뇌

위 fMRI 사진은 사이코패스와 정상인의 뇌가 기능적으로 무엇이 다른지 보여준다. 사이코패스의 뇌에서는 좌측 전두엽 부위가 파란 빛을 띤다. 전두엽 부위는 충동의 조절, 감정 이입 등과 같은 능력에 개입하는 부위로 알려졌다. 타인이 고통받을 때, 사이코패스 범죄자의 좌측 전두엽에는 혈액 공급이 되지 않는 것이다. 즉, 전두엽 부위

가 활성화되지 않는다.

헤인즈 연구팀은 이 원리를 이용해서 14명의 피실험자를 실험했다. 피실험자는 왼쪽과 오른쪽에 있는 두 개의 버튼 중 어느 하나를 눌러야 했다. 연구팀은 약 7초에서 10초 전에 피실험자가 어느 쪽 버튼을 누를지 약 60%의 확률로 알아맞히는 데 성공했다. 60%면 높은 확률이라고 말할 수는 없다. 그냥 둘 중 한쪽을 임의로 선택해도 50% 정도 확률로 맞힐 수 있다고 생각해 보면 말이다. 그러나 헤인즈 연구팀의 연구 성과를 무시할 수는 없다. 왜냐하면, 과학기술이 발전하면 그 확률은 더 높아질 거라고 주장할 수 있기 때문이다.

리벳과 헤인즈의 실험은 우리에게 자유의지가 없다는 생각을 결정적으로 뒷받침해 줄 경험 증거일 수 있을까?

갤런 스트로슨의 선험 논변

영국의 철학자 갤런 스트로슨$^{Galen \ John \ Strawson, \ 1952~}$은 유명한 철학자 피터 스트로슨$^{Peter \ Frederick \ Strawson, \ 1919~2006}$의 아들이기도 하다. 부자^{父子}도 철학자가 될 수 있다! 갤런 스트로슨은 자유의지를 부정하는 대표적인 결정론자이다. 스트로슨은 리벳이나 헤인즈처럼 실험하지 않는다. 어떤 주장을 정당화하기 위해 반드시 실험해야 하는 건 아니다. 어떤 주장은 실험이나 경험적 증거 없이도 설득력을 획득할 수 있다. 예를 들어, '어떤 삶이 좋은 삶인가?'라는 물음에 답을 하기 위해 굳이 실험까지 할 필요는 없다. 이 물음에 대한 답이 설득력을 얻기 위해서는 '좋은 삶'이란 무엇인지 잘 규정하는 일이 필요할 것이다. 사랑이 무엇인지 알기 위해 실험이나 통계 자료를 일차적으로 필요로 하지 않는 것과 같다.

스트로슨이 제시한 기본 논증Basic Argument은 연역 추론의 형태를 띠고 있으며, 다음과 같다.[53]

1) 그 무엇도 자기가 자기의 원인일 수 없다

   (Nothing can be causa sui)

2) 자신의 행위에 진정으로 도덕적 책임을 지기 위해서는, 적어도 특정 중요한 정신적 측면에서, 자기가 자기의 원인이어야 한다

   (In order to be truly morally responsible for one's actions one would have to be *causa sui*, at least in certain crucial mental respects.)

결론: 그 무엇도 진정으로 도덕적 책임을 질 수 없다

   (Therefore nothing can be truly morally responsible)

---

53) 갤런 스트로슨의 자유의지 사상을 더 이해하고 싶다면, 국내에 번역된 『불면의 이유 - 자아를 찾는 아홉가지 철학적 사유』, 갤런 스트로슨, 전방욱 역, 이상북스, 2020을 읽어보면 좋다.

스트로슨의 생각을 이해하는 건 그리 어렵지 않다. 우리가 어떤 선택을 한다는 건 특정한 신념, 느낌, 감정, 기억 등이 작용했기 때문이다. 마더 테레사는 왜 불우한 사람을 돕는가? 그가 특정한 신념, 느낌, 감정 등을 가졌기 때문이다. 그런데, 그런 요인들은 그 이전의 원인에 의해 생겨났다. 만일 우리가 우리 자신의 선택에 궁극적인 책임자가 될 수 있으려면, 그 요인들을 우리가 스스로 창조해야만 했다. 그러나 그 누구도 그 요인들을 창조해낼 수 없다. 불우한 사람을 바라볼 때, 테레사가 느꼈던 감정은 본인 스스로가 창조한 결과물이 아니다. 유전자, 환경적 요인들이 맞물려 그녀 안에 형성된 것이다. 반면, 어떤 사람은 공감 능력이 다소 부족할 수 있다. 하지만 그를 비난할 수 없다. 왜냐하면, 그는 그러한 특징, 즉 부족한 공감 능력을 스스로 창조하지 않았기 때문이다.

나는 청각이 매우 예민하다. 그래서 초침이 움직이는 소리가 들리는 시계를 절대로 근처에 두지 않는다. 여행을 가서 만일 숙소에 초침 소리가 들리는 시계가 있다면, 건전지를 빼놓을 정도이다. 나와 여행을 간 사람 중 일부는 이런 나의 예민함에 불편함을 호소할 수 있다. 하지만 나를 비난할 수 없다. 또 나는 그 예민함에 책임이 없다. 그렇게 태어난 것을 어쩌겠는가?

스트로슨은 이런 생각을 범죄자에게도 적용한다. 반사회적 범죄를 저지른 사람에게 책임을 물을 수 없다. 그들을 비난할 수도 없다. 앞에서 범죄자 이춘재에게 반사회적인 욕구가 있었음을 알아보았다. 스트로슨의 생각에 따르면, 이춘재의 그러한 욕구는 이춘재가 창조해낸 결과물이 아니다. 그의 안에 여러 요인이 맞물려 형성된 것이다. 그래서 그에게 책임을 물을 수 없다. 그가 감옥에 있어야 하는 이유는 교화 가능성 때문이 아니다. 또 다른 피해자가 나오지 않기 위한 격리일 뿐이다.

스트로슨의 논증을 이해하기 위해서 실험이나 관찰할 필요는 없다. 얼핏 그의 생각은 설득력이 있는 것처럼 보인다. 이 세상에는 참 다양한 사람들이 있다. 어떤 사람은 술 마시기 좋아하고, 어떤 이는 암벽 등반을 즐기며, 어떤 이는 봉사 활동을 좋아한다. 또 어떤 이는 도박에 빠져 살고, 어떤 이는 공부하는 것을 즐거워한다. 그러나 그 누구도 자기의 성향을 스스로 창조하지 않았다. 그래서 비난할 것도, 칭찬할 것도 없다. 원인과 결과로 꽃이 피고 지고 비가 오며, 번개가 치고, 바람이 불 듯 그냥 이런저런 사람들이 태어나고, 살고, 죽을 뿐이다. 단지 그뿐이다.

유발 하라리에 대한 평가

유발 노아 하라리Yuval Noah Harari, 1976~는 이스라엘의 역사학자이며, 『사피엔스』와 『호모데우스』 같은 베스트셀러의 저자이기도 하다. 그는 인간 문명의 발전과 전망에 관해 흥미로운 글을 써왔다. 『21세기를 위한 제언』에서 그는 자유의 문제를 다루고 있으며, 이 내용은

영국의 일간지인 가디언지에도 실린 바 있다.[54]

가디언지에 실린 〈자유라는 신화〉를 함께 살펴보자. 첫 문단부터 일곱 번째 문단까지 하라리는 정치적인 의미에서의 자유주의, 즉 리버럴리즘Liberalism에 관해 언급하고 있다는 점에 주목해야 한다. 즉, 하라리는 형이상학의 입장인 리버타리아니즘Libertarianism에 관해 언급하고 있지 않다. 그는 마틴 루터 킹 목사 암살 사건, 소비에트 사회의 붕괴 등과 같은 역사적 사건 등은 자유민주주의 이념이 더 확고해지는 계기를 마련해주었다고 주장하고 있다. 그런데 여덟 번째 문단에서 갑자기 "자유의지는 과학적 실재가 아니다"라고 말한다. 우리는 하라리가 행위의 자유에서 갑자기 의지의 자유로 주제를 바꾸었다는 점을 눈치챌 필요가 있다.

자유의지 유무와 정치적 의미로서의 자유민주주의는 별개의 문제이다. 설령 자유의지가 없다는 것이 밝혀져도 자유민주주의는 충분히 유지될 수 있다. 자유의지가 없다고 해서 독재사회가 정당화되지 않을 테니까 말이다. 그러면, 하라리는 자유의지에 관해 어떤 주장을, 어떤 근거로 제시하고 있을까?

하라리는 자유의지는 과학적 실재가 아니라고 주장했다. 그 근거는 크게 두 가지이다. 첫째, 하라리는 자유의지 개념이 기독교 신학자들의 발명품이라고 주장한다. 이는 이미 우리가 확인해 보았던,

---

54) Yuval Noah Harari: the myth of freedom, 14.sep.2018, https://www.theguardian.com/books/2018/sep/14/yuval-noah-harari-the-new-threat-to-liberal-democracy

니체의 생각과 같다. 우리는 니체의 생각을 검토해본 적이 있다. 자유의지라는 개념의 형성에 기독교 신학자들의 역할이 컸던 것은 사실이지만, 플라톤과 아리스토텔레스 같은 고대의 사상가들에 의해 자연 사건과 인간 행위 사이의 차이와 본성에 관한 탐구가 있었다는 점을 알아보았다.

둘째, 하라리는 개인의 모든 선택은 사회적, 생물학적, 개인적 조건에 영향을 받는다고 주장한다. 가령 누구와 결혼할지, 누구를 대통령으로 뽑을지 등은 유전자, 생화학적 조건, 성별, 가족력, 자신이 속한 문화권 등의 영향을 받아 결정된다는 것이다. 그러나 이런 요소들이 우리의 선택에 영향을 미친다는 사실을 부정할 수는 없다. 현대 생물학, 심리학의 연구 결과로 미루어 볼 때, 이는 매우 상식적인 생각이다. 그러나 이런 사실로부터 '자유의지는 없다'라는 결론이 도출될까?

하라리는 자신의 주장이 옳다고 선포하고 있다. 그러나 근거의 설득력이 부족해서 그의 결론은 논리적 비약으로밖에 볼 수 없다. 자유의지가 없다는 결론이 설득력을 얻기 위해서 유전자, 생화학적 조건, 성별 차이, 가족력, 문화권 등이 정확히 어느 정도까지 인간의 선택에 영향을 미치는지에 관한 증거가 있어야 한다. 예를 들어, 21번째 유전자가 두 개가 아닌 세 개라면 거의 예외 없이 다운증후군을 가지게 된다. 이런 방식으로 성별의 차이, 가족력, 문화권이 한 개인의 선택에 매우 높은 확률로 특정한 영향을 준다는 사실을 확인할 수 있을까?[55] 만일 결정론이 옳다면, 이런 요인들은 한 개인의 선택에 예외 없이 결정적인 영향을 준다는 사실이 밝혀져야 한다. 그러나 지금까지는 그 어떤 과학적 성과도 이 사실이 진리임을 밝혀주지 못했다. 게다가 개인 간 편차도 심할 것이기 때문에, 그런 요소의 영향력을 일반화하기에도 매우 어려울 것이다. 만일 그렇다면, 하라리의 주장은 논리적 비약에 지나지 않을 것이다.

자유의지에 관한 하라리의 다소 허술한 논증이 끝나고, 인간 정신 해킹을 통한 자유민주주의의 위협에 관한 내용이 다시 나온다.

정부와 기업이 인간이라는 생명체의 의식을 해킹하는 데 성공하게 될 경우, 가장 조종하기 쉬운 상대는 바로 이 자유의지를 믿는 이들이 될 것이기 때문이다.

하라리는 인간의 정신이 해킹당할 수 있다는 근거로 우리의 자유의지가 위협을 받고 있다고 생각한다. 누가 해킹하는가? 정부와 기업이다. 왜 해킹하는가? 우리 인간을 자기 뜻대로 조종하기 위해서이다. 이것이 하라리가 내세운 근거이다.

---

55) 최신 생물학계에서는 유전자의 일방적인 결정론에 호의적이지 않다. "유전자 없이 우리는 아무 것도 아니다. 그러나 유전자만으로도 우리는 아무 것도 아니라고 똑같이 말해야 한다."는 노블(Denis Noble)의 말이 그런 생각을 잘 표현해준다(Noble, D. The music of life. Oxford: Oxford University Press, 2006, pp 44). 한 인간에게 영향을 미치는 요소가 유전자 이외에 환경을 포함한다면, 문제는 더욱 더 복잡해진다.

그럼 우리는 어떻게 해야 할까? 우리는 두 가지 전선에서 동시에 싸워야 한다. 먼저 자유민주주의를 지켜야 한다. 이는 자유민주주의가 다른 어떤 체제보다도 더 인간적인 정부를 가진다는 것이 증명되었기 때문일 뿐 아니라, 또한 인류의 미래에 대해 가장 제한을 덜 가하는 체제이기 때문이다.

결론적으로 하라리의 글에는 행위의 자유와 의지의 자유에 관한 내용이 뒤섞여 있다. 의지의 자유가 없다는 그의 생각에는 논리적 비약이 있다. 행위의 자유가 위협받고 있다는 그의 생각에는 큰 문제가 없지만, 행위의 자유가 위협받고 있다는 사실로부터 자유의지가 없다는 결론을 내린다면, 자유에 대한 두 가지 의미를 혼동하는 '애매어의 오류'를 범하게 될 수 있다. 물론 하라리가 이 오류를 범하고 있지는 않다.

그런데, 이렇게 생각해 보자. 만일 하라리의 말처럼 우리에게 자유의지가 없다면? 즉, 결정론이 옳다면 어떨까? 이때 "우리는 자유민주주의를 지켜야 한다"는 주장은 어떻게 설득력을 얻을 수 있을까? 이 주장을 옹호하는 이들은 그들의 유전적, 문화적, 가족적 조건들에 의해 옹호하는 게 아닌가? 반대하는 이들 역시도 나름의 조건들 때문에 반대하는 게 아닌가? 누군가 외부적 요인들과 무관하게 하라리의 생각에 동의할 수 있어야지만, 자유민주주의를 지키자는 자신의 호소가 의미 있게 되는 것이 아닐까?

후험 논증에 대한 검토

철학은 논증을 검토한다. 주장의 근거에 논리적 오류가 없는지, 우리가 충분히 받아들일 만한지 검토한다. 이는 매우 중요한 작업이다. 진리와 무관한 주장이나 신념이 역사적으로 얼마나 많은 고통과 피 흘림을 일으켰는지 생각해 보라. 두개골의 형태와 크기만으로 한 사람의 기질, 지능 등을 정확히 알 수 있다는 골상학^{Phrenology}은 당시 나치 정권이 유대인을 학살하는 데에 힘을 실어주었으나, 이후 엉터리 과학으로 밝혀졌다. 가끔 철학이 과학의 성과를 트집 잡는 일을 한다고 오해하는 경우가 있다. 이런 경우 철학자들의 주장이 아닌, 근거를 살펴보라고 권하고 싶다. 그리고 과학의 성과가 곧 철학적 문제에 대한 설득력 있는 답으로 이어지지도 않는다. 그래서 면밀한 검토가 필요하다.

우선 리벳-실험을 결정론의 결정적 근거라고 주장하는 결정론자들의 생각을 검토해 보자. 나는 크게 두 가지 의혹을 제기하고자 한다. 1) 준비전위는 도대체 무엇을 의미하는가? 2) 버튼을 누를지 말지와 같은 단순한 움직임이 인간의 모든 진지한 선택을 대표하는 유형이라고 할 수 있는가? 2 - 1) 복잡한 선택의 순간을 실험실에서 측정할 수 있는가?

1) 리벳-실험의 결과는 버튼을 눌러야겠다는 의식적 선택 이전에 뇌의 활동, 즉 준비전위가 감지되었음을 알려준다. 이 실험이 우리에게 알려주는 사실은 딱 여기까지다. 그런데, 결정론자들은 준비전위가 버튼을 누르려는 의식적 선택에 대한 원인으로 확신하고 있다. 준비전위가 의식적 선택에 원인이라는 믿음의 근거는 무엇인가? 발라규어는 다음처럼 지적하고 있다.

> 요컨대, 이 논증의 문제점은 준비전위가 우리 행위들의 산출에 어떤 종류의 인과적 역할을 한다고 그냥 가정하는 것이다. 그러나 사실상, 우리는 준비전위의 목적이 무엇인지 전혀 모른다. 그것이 왜 발생하는지 알지 못하며 무엇을 하는지도 모른다.[56]

이는 매우 적절한 지적이다. 준비전위는 특정 두뇌가 활성화되었음을 암시할 뿐이다. 그러나 그 두뇌의 활성화가 왜 발생했으며, 의식적 선택과 어떤 관계인지에 관해서는 알려주는 바가 전혀 없다. 그럼에도 리벳-실험을 결정론의 경험적 증거로 확신해야 하는 이유는 무엇인가?

---

56) 『자유의지』 마크 발라규어, 한정라 역, 한울, 2021, 135쪽

2) 리벳-실험은 말 그대로 실험이다. 인위적이고 통제된 상황에서, 피실험자에게 주어진 선택지란 버튼을 누를지 말지 결정하는 것뿐이다. 이는 헤인즈-실험에도 해당하는 이야기이다. 그러나 우리가 살면서 직면하는 선택의 상황은 그렇게 단순하지만은 않다. 분명 많은 경우 습관이나 본능, 경험이 개입된다. 출근길 지하철을 탈 때, 몇 호선을 어떻게 타야 할지 고민하지 않는다. 그러나 일부 선택은 그렇지 않다. 동성 결혼 합법화에 찬성하는지, 사형제 폐지에 찬성하는지, 주인 없는 길고양이를 도덕적으로 배려해줘야 하는지 등과 같은 선택의 상황은 가치의 문제, 옳고 그름의 문제가 개입된다. 이런 선택을 '합리적 숙고를 동반하는 선택'이라고 불러보자. 리벳과 헤인즈의 실험에서 요구된 선택이 이런 종류의 선택까지 대표할 만하다고 할 수 있는가?

2-1) 위의 내용과 연관하여, 누군가는 합리적 숙고를 동반하는 선택의 순간도 실험실에서 측정해 보면 되지 않느냐는 생각을 할 수도 있다. 그러나 누군가 오랜 숙고 끝에 동성 결혼 합법화에 찬성하는 결정을 내릴 때(순간적이고 즉흥적인 찬성이 아니라), 그 정확한 순간을 실험실에서 측정할 수 있을까? 누군가 독재에 맞서 민주화 운동에 참여하려는 선택을 할 때, 그 정확한 순간을 측정할 수 있을까?

다음으로 헤인즈-실험[57]이 결정론을 지지하는 결정적 증거라고 주장하는 결정론자들의 생각을 검토해 보자. 우선 이 실험에서 왼쪽과 오른쪽 버튼을 누르는 결정을 약 60% 정도의 정확도로 맞췄다는 사실을 처음부터 약점으로 삼지는 않겠다. 왜냐하면, 이런 식의 반론에는 분명 "과학기술이 발전하면 그 정확도는 높아질 겁니다"라는 재반론이 반사적으로 뒤따라 나오기 때문이다.

헤인즈-실험에서 가장 먼저 주목해야 할 점은 fMRI를 통해 본, 피실험자가 선택하기 전에 활성화됐다는 뇌의 영역이 어디인가이다. 그 영역은 두정엽Parietal Cortex과 대뇌전두극부Brodmann Area이다. 즉 헤인즈-실험의 관건은 두정엽과 대뇌전두극부의 활성화가 과연 의식적 결정 이전에, 의식적 결정을 인과적으로 결정짓는 원인으로 볼 수 있느냐는 점일 것이다. 만일 이 두 영역의 활성화가 의식적 결정, 즉 두 버튼 중 하나를 누르는 결정에 대한 원인이라면, 60%의 확률이라는 정확도는 더 이상 과학기술 발전의 문제가 아닐 수 있다. 지구 내의 일반적인 환경에서 신문지에 불을 붙이면 예외 없이 불이 붙는다. 이 경우 10번 중 10번은 불이 붙을 것이다. 그리고 우리는 신문지에 불이 붙는 전 과정에 관한 인과 과정을 설명할 수 있다. 만일 두 영역에 있어 의식적 결정의 원인이 분명하다면, fMRI 장비를

---

57) 헤인즈-실험에 대해서는 John-Dylan Haynes, "Beyond Libet: Long-term Prediction of Free Choices from Neuroimaging Signals", in W. Sinnott-Armstrong and L. Nadel, eds., 2011. Conscious Will and Responsibility. Oxford University Press, pp. 85~96 참조

통해 높은 확률로 행동을 예측해야만 한다. 신문지에 불을 붙이면 불이 붙지 않을 수 없듯, 두 영역이 활성화되면 그 정도의 차이에 따라 왼쪽이나 오른쪽을 누르는 행동이 나오지 않으면 안 된다. 그런 점에서 60%는 결정론을 지지하기에는 터무니없이 낮은 수치이다. 2010년 월드컵 경기에서 문어 파울Paul이 8경기 승부 예측을 100%의 정확도로 맞췄다는 믿기 힘든 사실을 고려해 보자.

미래에도 계속 등장할 헤인즈 방식의 실험이 결정론을 지지하는 결정적인 근거가 될 수 있으려면, 특정 뇌의 활성화가 특정 행동을 일으키는 원인이라는 사실을 증명해야 한다. 즉, 신문지에 불을 붙이면 불이 붙지 않을 수 없듯, 특정 뇌의 활성화가 발생하면 특정한 행동이 반드시 나와야 한다. 헤인즈-실험에서는 두 영역의 활성화와 의식적 결정 사이에서 기껏해야 약한 상관관계 정도만 언급할 수 있을 뿐이다. 더 나아가 인간이 수행하는 모든 선택에 관해서 두뇌 속 신경적 상태와의 인과 관계가 밝혀져야 한다. 이것이 성공할 때만 뇌과학은 결정론의 승리에 결정적인 기여를 할 수 있다.

언론은 사람의 이목을 끌어야 한다. 그래서 자극적인 제목과 표현을 선호한다. '뇌과학이 자유의지 논쟁을 끝냈다', '과학적으로 볼 때, 인간에게 자유의지는 없다' 같은 표현은 매우 자극적이고 호기심을 끌기에 적합하다. 이런 표현에 현혹되면 안 된다. 물론 과학이 자유의지 논쟁을 끝내는 데에 획기적인 기여를 할 수는 있겠지만 아직은 아니다. 그리고 결정론이 승리하기에는 넘어야 할 산이 아주 많다. 어쩌면, 양의 문제가 아닐지도 모른다.

　인간의 선택을 100% 예측하는 사회는 과연 올까? 그렇다고 생각한다면, 그 근거는 무엇인가? 결정론이 승리한 사회는 영화 『마이너리티 리포트』에서 그리는 사회일 것이다. 누군가 범행을 저지르기 전에 그를 먼저 체포하는 사회. 결혼 성공 여부, 유산 상속의 여부, 이혼의 여부, 성공 정도의 여부, 행복한 삶의 여부 등을 미리미리 예측하는 사회. 원인을 알면 그 원인을 조작하거나 통제할 수 있으니, 결정론이 승리한 사회는 역설적으로 우리가 더 많은 행위의 자유를 누릴 수 있는 사회이지 않을까?

결정론이 옳다면?

머지않은 미래, 결정론이 옳다는 결론이 전 세계의 학자 대부분에 의해 합의된다고 상상해 보자. 어느 날 당신은 미국 대통령이 전 세계 시민을 대상으로 하는 연설을 보게 된다.

　친애하는 국민 여러분. 그리고 이 연설을 지켜보는 전 세계 시민 여러분.
　오늘 저는 미국 대통령으로서 우리 인간에게 자유의지가 있다는 믿음이 옳지 않음을 공식적으로 말하고자 합니다. 지난 2000년이 넘는 시간 동안 우리 인간이 자유로운 존재인지 아닌지 논쟁해왔습니다. 뛰어난 지성과 초인적인 인내심을 가진 철학자, 과학자, 공학자, 수학자, 신학자들이 이 문제를 탐구했습니다. 그러나 결국 지난 000 학술회에서 전 세계 40여 명의 철학자와 50여 명의 과학자가 자유의지는 뇌 활동이 만들어낸 허구라는 사실에 동의하였습니다. 누군가는 변함없는 일상을 살아갈 것입니다. 그러나 누군가에게는 근본적인 변화를 실감하는 계기일 것입니다. 많은 문명국가의 법은 우리가 자유롭게 선택할 수 있는 능력이 있음을 전제로 작성되었습니다. 많은 교육자는 가정환경이나 기질의 영향에도 학생들은 얼마든지 원하는 대로 바뀔 수 있다는 믿음으로 교육에 헌신해왔습니다. 그러나 이제 우리는 이런 믿음을 다시 생각해봐야 할 시점에 이르렀습니다.

상상할 수 있다면, 실현할 수도 있다. 위의 가상 상황이 현실이 되지 말란 법은 없다. 이제 이렇게 생각해 보자. 결정론이 옳다면, 우리에게 좋은 소식일까? 아니면 나쁜 소식일까? 혹은 결정론이 옳다면, 우리 사회에 어떤 일이 벌어질까? 대체로 긍정적인 변화가 일어날까? 그 반대일까? 자유의지 없이 우리는 과연 세상을 살아갈 수 있을까?

혼더리치 Ted Honderich, 1933~ 는 『당신은 얼마나 자유로운가? How Free Are You?』에서 다음과 같이 주장한다. 우리는 자유의지 없이도 충분히 의미 있는 삶을 살 수 있다. 분명 많은 삶의 희망은 버리게 될 것이다. 인간의 성공, 재능, 인기 등은 결정된 요인들과 우연히 생긴 요인들의 결과물이므로, 과분한 희망을 품을 필요도 없고 그 희망이 실현되지 않는다고 실망할 필요도 없다. 다만 일상의 소소한 희망들을 포기할 필요는 없다. 결혼을 할지, 좋은 부모가 될지, 어떤 직업을 가질지 등등은 이미 결정된 일이지만, 우리는 어디까지 결정된 것인지 알지 못한다. 그래서 도전하는 행위 자체를 포기할 필요는 없다.

철학자 혼더리치 같은 낙관론자들은 처벌과 관련해서 응징 이론Retribution Theory of Punishment을 포기하고, 억지 이론Deterrence Theory of Punishment을 받아들여야 한다고 주장한다. '눈에는 눈, 이에는 이'로 유명한 응징 이론은 자유의지가 없는 세상에서 무의미하다. 가해자의 선택은 결정된 것이기 때문에, 그를 비난하는 것이 무의미하기 때문이다. 비난은 그가 다르게 행동할 수 있었을 때만 의미가 있다. 그리고 비난의 목적은 동일한 상황에 부닥치게 될 때, 절대로 같은 실수를 반복하지 말라는 무언의 메시지를 주기 위함이다. 그러나 모든 것이 결정된 세상에서 그런 메시지가 무슨 소용이 있단 말인가. 따라서 가해자를 격려, 억지하는 식으로 처벌의 방식을 바꿔야한다.

결정론을 받아들이면, 자연재해나 범죄 사건의 피해자들은 마음의 고통을 덜 수 있다. 나는 언젠가 한 잡지에서 호주에서 윈드서핑을 하던 전문 스포츠인의 인터뷰를 본 적이 있다. 사진을 가만히 보니 오른팔이 팔꿈치 밑으로 없이 옷만 있었다. 알고 보니 상어에게 오른팔을 뜯기는 사고를 당했다. 그런데 질문자가 "그 상어를 원망하십니까?"라고 묻자, 그는 "아니요. 전혀요. 그는 내가 먹잇감인 줄 알고 착각했을 뿐인걸요"라고 대답했다. 단지 일어날 일이 일어났을 뿐이라는 그의 생각은 오히려 그가 상처를 이기고 다시 윈드서핑을 하도록 도와주었다. 사건 사고 피해자의 유가족 중 일부는 '나 때문에'라는 자책감에 고통받는다. 그러나 그건 어차피 일어날 일이었다. 피해자는 매우 운이 없게도 그 자리에 있었던 것일 뿐이다. 시간을 되돌린다고 해도, 원인이 같은 이상, 당신은 같은 선택을 했을 것이다. 따라서 '시간을 돌린다면, 그 사람에게 꼭 오늘 그 일을 해도 되지 않는다고 말해줄 텐데'와 같은 자책을 할 필요가 없다.

자유의지 없이 사는 삶은 오히려 마음의 평안을 얻기 쉽다. 스티브 잡스 같은 사업가가 되지 못했다고, 아인슈타인 같은 물리학자가 되지 못했다고, 모차르트 같은 작곡가가 되지 못했다고 원망할 필요가 없다. 자기 모습을 있는 그대로 받아들이면 마음이 평안해진다. 불행이란 헛된 욕망을 품기 때문에 생긴다. 왜 한국의 10대가 대체로 불행을 느끼는가? 부모와 사회의 헛된 욕망이란 채찍질에 휘둘리고 있기 때문이 아닐까?

심리학자 사울 스밀란스키Saul Smilansky 같은 비관론자도 있다. 혼더리치와 스밀란스키는 모두 결정론 지지자이지만, 자유의지 없는 삶에 대해 상반된 시각을 갖고 있다. 스밀란스키에 따르면, 자유의지가 없다는 생각이 진리로 판명 난 사회는 대혼란이 이어질 것이다.

우리는 종종 사람이 자기 자신을 비난하고, 죄책감을 느끼고, 그리고 형벌을 받을 자격이 있다는 것을 인식하길 원한다. 하지만 만약 그 사람이 궁극적인 결정론적 관점을 내면화한다면, 그는 엄밀히 말해 다른 선택을 할 수 없었다는 것을 제외하고는 이 모든 것을 할 가능성이 없을 것이다.[58]

결정론의 승리는 우리 사회에 혼란을 가져온다. 자기 자신이 행위의 궁극적 책임자가 아니라는 사실이 진리라면, 사람은 더 선한 삶을 살려고 노력하지 않게 될 것이다. '어차피 나는 마더 테레사가 아니야'라며 더 선한 삶을 살지 못하는 자신을 합리화하게 될 것이다. 그리고 범죄나 비도덕적 행위에 대해 이런저런 변명을 늘어놓게 될 것이다. "제 인생 이야기 좀 들어보세요. 제가 이렇게 되고 싶어서 된 게 아니라니까요"라는 식으로 말이다.

이런 식의 변명은 반성문을 작성해서 제출하는 중범죄자의 사례에서 이미 목격되고 있다. 결정론의 승리는 이런 경향성을 더 부추길 것이다. 일반적으로 책임을 져야 하는 상황에서 "어차피 저는 그런 그릇이 아닙니다", "제게 너무 과도한 기대를 한 게 아닐까요?", "저는 성인군자가 아닙니다. 태생적으로 그래요"라는 식으로 변명하며 상황을 모면하려고 할 것이다. 법을 어기고 도덕적 추태를 부린

58) Saul Smilansky, "Free Will, Fundamental Dualism and the Centrality of Illusion", in Kane, ed., The Oxford Handbook of Free Will, pp.489~505

고위 관직자들이 술 탓, 시대 탓 등으로 변명을 부리며, 상황을 모면하려는 뉴스거리에 우리는 이미 충분히 질리지 않았는가?

스밀란스키는 차라리 우리가 매트릭스 안에서 사는 편이 낫다고 조언한다. 자유의지가 없다는 사실이 진리라도, 마치 자유의지가 있는 것처럼 계속 캠페인을 벌이며 살자는 생각이다. 일상은 때론 진리와 무관하다. 아인슈타인의 일반상대성 이론에 의해 중력은 시간과 공간의 휨임이 밝혀졌지만, 우리 대부분은 중력을 여전히 '끌어당기는 힘' 정도로 믿고 살아간다. 하지만 일상에서 특별한 불편함을 느끼지 못한다. 자유의지가 없다는 게 밝혀져도 그냥 자유의지가 있다고 믿으면서 일상을 살면 된다. 순전히 착각 속에서 살아가지만, 일상을 위협하는 진리를 받아들이는 쪽보다 유익하다는 생각이다.

자유의지가 없다면, 우리 사회는 어떻게 변할까? 당신의 삶에 어떤 영향을 미칠까? 당신은 낙관론자인가, 아니면 비관론자인가? 상상은 자유이다. 다만 결정론이 옳은지 확신하기에는 이르다. 우리에겐 아직 자유론이 남아있다.

과거의 기억은

매우 듬성듬성 남아있다.

과거는 연속적으로 기억되지 않는다.

그래서 쉽게 간과한다.

우리가 받았던 수많은 영향을.

동공에 처음 맺혔던 엄마의 모습을.

첫 기쁨과 첫 분노를.

6장

자유론과 그 난점

자유론과
그 난점

X-요인 전략과 신비주의 의혹

전 우주에서 발생하는 모든 사건은 원인과 결과의 사슬에 의해 발생한다고 흔히 생각하고 있다. 꽃 한 송이에서 우주를 본다는 표현이 있다. 담벼락 밑에 남몰래 피어 있는 노랑 민들레꽃, 그 꽃이 피어나기 위해서 원인과 결과의 사슬이 필요하다. 그 사슬의 장대한 연결은 결국 시간과 공간이 생겨난 시점까지 거슬러 간다. 당신이 배고픔을 느낄 때, 그것은 마찬가지로 장대한 원인과 결과의 사슬을 요구한다. 그 배고픔이 있기까지 당신은 성장해왔고 태어났으며, 우리의 부모님이 사랑하고 성장해왔으며 태어난 이전, 결국 시간과 공간이 생겨난 시점까지 거슬러 간다. 그래서 한 송이 꽃에서 한 사람의 얼굴에서 우주 전체를 본다는 말은 과장이 아닐 수도 있다.

　그런데 과연 우리는 이 인과의 사슬에서 벗어날 수 있을까? 자유론자들은 이 사슬을 깨고 이전의 원인에 의해 결정되지 않은 사건, 즉 선택이 발생할 수 있다고 주장한다. 전통적으로 자유론자들은 X-요인 전략^{X-factor Strategy}을 사용해왔다. 인과 사슬을 깰만한 어떤 요인 X가 있다는 생각이다. 과연 그 요인 X는 무엇인가?

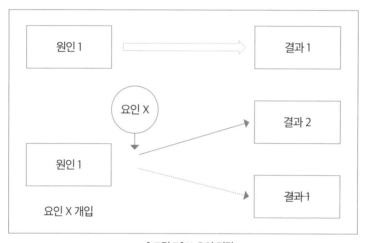

[그림 7] X-요인 전략

　위의 도식을 보면, 모종의 요인에 의해 결괏값이 달라짐을 알 수 있다. 자유론이 최종적으로 승리하기 위해서는 이 X-요인 전략이 얼마나 설득력이 있는지가 관건이다.

　우리는 3장 에드워즈 편에서 일부 자유론자들이 무엇을 요인 X

로 삼았는지 확인해 보았다. 일부 아르미니우스주의자들은 '영혼의 자기결정력'을 근거로 인간의 행위는 그 이전의 물리적 원인에 의해 결정되지 않은, 비결정적인 상태라고 생각했다는 것을 확인했다. 더불어 에드워즈는 '영혼의 자기결정력'이란 발상을 비합리적이고 신비주의적이라고 혹평했음을 알아보았다. 영혼은 어떻게 신체에 인과적 힘을 행사하는가? 그 인과적 힘의 정체는 무엇인가? 물리적 원인만으로 한 사건의 발생을 설명하는 데 충분하지 않은가? 영혼의 힘을 가정하면, 에너지 보존 법칙에 어긋나는 결과를 초래하지 않는가? 요인 X로서의 영혼 가설은 합리적인 가설로 인정하기에는 경제성의 원리에 어긋난다. 문제를 해결해 주기는커녕, 제2, 제3의 문제가 꼬리에 꼬리를 물고 나타난다.

영혼 개념을 전제하지 않은 자유론은 불가능한가? 20세기에 등장한 자유론의 두 형태인 행위자-인과 자유론과 사건-인과 자유론을 살펴보자.

사고력 UP

인과 관계$^{Causal\ Relation}$는 A와 B, 두 관계항^{Relata}을 무엇으로 보느냐에 따라 달리 이해된다. 과학은 인과 관계 자체의 본성을 묻지 않는다. 반면, 철학, 특히 형이상학에서 인과 관계의 본성은 중요한 문제이다. 아무리 뛰어난 과학자라도 A와 B 사이에 인과 관계가 성립한다는 말이 무슨 의미인지 답하기란 쉽지 않은 이유가 바로 그 때문이다. 관계항을 실체^{Substance}, 사건^{Event}, 사실^{Facts}로 보느냐의 여부에 따라 다음과 같이 표현이 달라진다.[59]

　1) 실체: 야구공이 창문을 깨트렸다.
　2) 사건: 과음이 K 씨의 죽음을 야기했다.
　3) 사실: K 씨가 과음을 했기 때문에, K 씨는 죽게 되었다.

1)은 일상에서 가장 많이 표현되는 인과 관계일 것이다. 우리는 보통 실체 단위로 생각하고 말하는 경향이 있다. '설탕은 물에 녹는다'와 같은 문장은 실체, 즉 설탕이 물에 녹는 그런 경향이 있음을 암시해주는 듯하다. 앞으로 살펴볼, 행위자-인과는 행위자라는 실체를 관계항에 놓는 입장이다. 2)는 '번개가 침', '비가 옴', '온도가 올라감', '흉기를 휘두름'과 같은 사건을 관계항에 놓은 경우이다. 앞으로 살펴볼, 사건-인과에서는 '먹기를 원함', '빨리 마치기를 의도함' 등과 같은 사건이 관건이 된다.

이 세상에 관한 우리의 이해와 문장은 실체, 사건, 사실, 그리고 속성 등을 기본 범주로 삼고 있다. 블랙홀은 실체일까? 아니면, 사건들의 묶음일까? 당신은 하나의 실체인가? 아니면, 두뇌 안의 신경 사건 등과 같은 사건들의 묶음일까? 꽃 한 송이라는 실체가 있을까? 아니면, 특정한 색깔, 모양 등과 같은 속성의 묶음만이 있는 것일까?

전지한 신이 존재한다면, 그는 이 세상을 어떻게 이해할까? 실체로? 사건으로? 속성으로? 아니면 무엇일까?

---

59) 이는 단지 표현상의 문제에 그치지 않는다. 관계항 설정에 따라 논리 관계도 달라진다. 그래서 어떤 철학자는 사건 인과를, 또 누군가는 사실 인과를 옹호한다. 이에 관해서는 사건 인과와 사실 인과, 송하석, 철학적 분석14, 2006, 23~44쪽 참조

행위자-인과 자유론

[그림 8] 행위자-인과 과정

시간을 되돌렸을 때, 물리 법칙이 동일한 상황에서 다른 선택을 할 가능성이 우리에게 열려 있을까? 아니면, 냉정한 인과 사슬에 속수무책으로 같은 선택을 하게 될까?

2018년 10월, 서울 강서구의 PC방에서 비극이 발생했다. 피의자인 손님이 아르바이트하던 피해자가 자신을 기분 나쁘게 했다는 이유로 집에서 흉기를 가져와 무참히 찔러 살해했다. 범인의 이름은 김성수이다. 시간을 되돌린다면, 김성수가 집으로 갔을 때, 살해하려는 의도로 흉기를 집어 들지 않는 선택이 가능할까?

행위자-인과 자유론자들은 그럴 가능성이 우리에게 있다고 주장한다. 이 입장이 정확히 언제, 누구로부터 기원했는지 정확하지 않다. 다만 18세기 스코틀랜드 철학자 토마스 리드Thomas Reid, 1710~1796가 매우 세련된 형태의 행위자-인과론을 발전시켰다는 점은 알아둘 필요가 있다. 리드는 동시대 스코틀랜드 철학자인 데이비드 흄 때문에 저평가됐으나 연구할 만한 가치가 있는 철학자이다. 아무튼 이 입장은 20세기에 들어와서 널리 알려지게 되었다. 더불어, 가장 유명한 행위자-인과론자는 바로 미국의 철학자 로데릭 치좀Roderick Milton Chisholm, 1916~1999이다.

치좀은 행위자가 일으킨 행위는 행위자 자체에서 기인한 결과라고 주장한다. 치좀은 아리스토텔레스를 인용하며, 행위자-인과를 설명한다.

막대기는 돌을 움직이고 손에 의해 움직이며, 손은 다시 사람에 의해 움직인다. 그러나 사람에서 우리는 다른 것에 의해 움직이지 않는 순간에 도달했다.[60]

돌이 왜 움직였는가? 막대기가 움직였기 때문이다. 막대기는 왜 움직였는가? 사람의 손이 움직였기 때문이다. 사람의 손이 왜 움직였는가? 이 마지막 물음에 우리는 뭐라고 답해야 할까? 직관적으로 '그가 그렇게 하기를 원해서'라고 답하는 것이 자연스럽다고 생각할 것이다. 그 인과 사슬을 다음처럼 표현해 보자.

행위자가 손을 움직였다. 그래서 막대기가 움직였고, 마침내 돌이 움직였다. 우리는 이런 설명이 매우 자연스럽다고 생각한다. 왜 아파트 단지에 주차한 자동차의 창문이 깨졌는가? 돌멩이가 날아왔

---

60) 자연학II.5, 아리스토텔레스, 256a6~8

기 때문이다. 돌멩이는 왜 날아왔는가? K 씨가 간밤에 돌을 던졌기 때문이다. 이런 매우 상식적인 생각이 바로 행위자-인과론의 핵심이다. 행위자는 특정한 행위를 직접적으로 발생시킨다. 그래서 그 이전의 물리적 원인으로부터 다른 결과값이 나오게 된다.

K가 사건 e를 일으켰다.

치좀은 이 행위자-인과를 내재적 인과Immanent Causation라고 부른다. 즉, 행위자 자체로부터 나오는 인과이다. 우리는 이전에 아리스토텔레스의 엡 헤민 개념을 알아보았다. 아리스토텔레스의 엡 헤민에서 행위자의 인과력과 관련한 생각은 찾아볼 수 없다. 그 표현은 단지 행위자의 움직임은 그 원인이 행위자 안에 속한다는 것을 말해 줄 뿐이었다. 치좀은 아리스토텔레스보다 더 많은 것을 말하고 있다. 행위자 그 자체가 어떤 인과 사슬의 원인일 수 있다고 생각하기 때문이다. 같은 입장을 지지하는 미국의 철학자 리차드 테일러Richard Clyde Taylor, 1919~2003도 다음과 같이 말한다.

어떤 인과적 사슬들은 시작을 갖는다. 그리고 그것들은 행위자 자체로부터 시작된다.[61]

---

61) Richard Taylor, Metaphysics, Prentice-Hall, 1974, p. 56

치좀은 우리가 이전의 물리적 원인에 의해 결정되지 않으면서, 행위를 일으킬 수 있는 원동자라고 본다. 흔히 부동의 원동자 The Unmoved Mover 라고 번역하는 아리스토텔레스의 개념을 치좀이 행위자-인과론에서 차용하고 있는 셈이다.

리드, 치좀, 테일러 같은 행위자-인과론자는 이 행위자-인과의 정체가 정확히 무엇인지 모르지만, 우리는 일상에서 그 인과력을 체험할 수 있다고 주장한다. 가족이나 친구를 돕기로 결심한 순간은 누구에게나 있다. 누군가를 돕기로 결정한 순간, 당신은 자유롭다고 느낀다. 그 결정은 개인을 이루는 유전자나 환경적 영향과 무관하다. 개인 스스로 결정했기 때문에 그렇게 한다고 느낄 것이다. 개인이 행위를 발생시키는 순간, 스스로 자유롭다는 체험을 한다. 현대 정리병리학에서도 이러한 체험이 있음을 인정한다. 소위 조정 망상 Delusion of Being Observed 을 앓고 있는 사람은 자신이 행위의 주인이라는 생각을 하지 못한다. 이는 명백히 병리적인 상태이다.

그러나 주관적 체험은 우리를 늘 기만할 수 있다는 점이 문제이다. 더 나아가 주관적 체험은 실재와 무관할 수가 있다는 점을 생각해 볼 필요가 있다. 과학의 역사에 이런 예는 수도 없이 많다. 예를 들어, 여전히 우리는 '해가 뜬다'고 표현한다. 아무리 봐도 해는 떠오르는 것처럼 느껴진다. 하지만 실제로 해는 떠오르는 게 아니라는 걸 모두가 알고 있다.

우리가 무의식적으로 속기 쉽다는 심리학 연구는 주관적 체험에 기반한 논증의 설득력을 갉아먹는 이유가 된다. 자유롭다는 체험은 착각일 수 있다. 더욱이 행위자 인과가 수수께끼라면 행위자-인과론은 신비주의라는 고질적인 오명을 씻어내기 힘들어 보인다.

덧붙여, 실체Substance라는 개념 역시 행위자-인과론에서 약점으로 지적될 만하다. 실체는 아리스토텔레스에 의해 제시된 이후 로크와 흄 같은 근세 철학자들이 등장하기 이전까지 서구 지성인에게 큰 영향력을 행사해왔다. 조금 복잡하긴 하지만, 실체와 속성의 구분은 일상에서 누구나 암묵적으로 하고 산다. 우리가 검은 머리를 노란색으로 염색하더라도 여전히 같은 사람이다. 변한 것이 있다면 머리카락의 색깔이라는 성질뿐이다. 개인은 키, 몸무게, 성격 등과 같은 수많은 성질을 갖고 있다. 그 성질들은 시시각각 변할 수 있다. 하지만 그 성질들의 변화에도 개인은 여전히 같은 사람이다. 왜 그럴까? 실체는 변하지 않기 때문이다. 행위자-인과론은 존재론적으로 이 자연에 실체가 존재함을 전제하고 있다. 개인은 실체로서의 행위자이다. 따라서 개인은 여러 속성들의 집합이 아니다. 개인이 행위를 하면 행위자가 되고, 행위자에 의해 특정 행위가 직접적으로 발생한다고 생각한다. 그러나 실체는 실재의 진정한 일부인가? 오늘날 많은 철학자는 실체 개념을 논하지 않는다. 20세기 이후로 사건, 상태, 속성 같은 범주들이 중요하게 다뤄지고 있다. 행위자-인과론은 실체 범주가 여전히 중요하다는 점까지 떠맡아야 할 이중의 부담을 안고 있다.

물론 이 입장에 제기된 더 심각한 문제는 무작위성 반론이며, 이후에 자세히 알아볼 예정이다.

사건-인과 자유론

현대 자유론에서 주목받는 쪽은 사건-인과론이다. 가장 먼저 존재론적으로 의혹이 큰 실체 범주를 전제로 하지 않는다. 그리고 행위자의 인과력이라는 신비주의적인 가정을 하지 않는다. 게다가 양자역학이나 카오스 이론 등에 호소하므로, 현대 과학과 갈등을 일으키는 요소가 없다.

사건-인과론의 기본 발상은 적어도 고대 에피쿠로스 학파Epicureanism에서 확인해 볼 수 있다. 이 학파는 이 세상이 더 이상 나눌 수 없는 원자Atoms로 이뤄져 있다고 생각한다. 우주만물은 이 원자들의 결합과 해체로 변화한다. 이는 20세기 입자물리학자들이 알아낸 사실과 일치한다. 그런데 에피쿠로스 학파는 인간의 자유로운 행위가 가능하다고 보았다. 원자들의 움직임 중 일부는 우발적으로 방향이 틀어지고, 원자의 우발적인 방향틂이라는 사건이 인간의 자유를 보장해준다는 생각이다. 이 입자들의 우발적인 움직임은 20세기 양자역학과 함께 확인되고 있다.

그러나 원자의 우발성만으로는 자유로운 선택을 설명할 수 없다.

누군가 두뇌 안의 일부 세포들이 우발적으로 활성화되어 길거리에서 갑자기 춤을 춘다고 상상해 보자. 그는 과연 자유로운가? 아니다. 자유로운 선택에는 어쨌든 모종의 통제[Control]가 필요하기 때문이다. 행위자-인과론자들은 이 통제가 행위자 자체의 인과력에 의해 가능하다고 주장하고 있음을 알아보았다. 현대의 사건-인과론자들은 다음 두 가지 문제를 해결해야 한다.

1) 이전의 원인에 의해 결정되지 않은 행위가 가능하다는 점을 설명해야 한다.

2) 선택은 우발적이지 않고, 통제된 것이라는 점을 설명해야 한다.

과연 사건-인과론자들은 이 두 문제를 어떻게 해결하고자 할까? 그것은 얼마나 성공적일까? 마크 발라규어와 로버트 케인[Robert Hilary Kane, 1938~]은 현재에도 활발히 활동 중인 사건-자유론을 대표하는 인물들이다. 발라규어와 케인의 생각을 차례로 알아보자.

갈린 선택과 적절한 비무작위성

발라규어 식의 사건-인과론에서 가장 핵심적인 개념은 갈린 선택 Torn Decisions이다. 그는 자연 내 이전의 원인에 의해 결정되지 않은, 즉 이쪽으로도 저쪽으로도 기울지 않은 사건이 존재한다는 가설을 내세운다. 그것이 바로 갈린 선택이다.

갈린 선택이란 행위자가 두 개 혹은 그 이상의 선택지 중 어느 쪽이 가장 최고의 선택인가에 대해, 그 갈등에 대한 해결 없이 '갈린' 느낌을 받는 상황에 직면하는 선택이다. 다음과 같은 예를 들어 알아보자.[62]

철수의 사례

철수는 대구에 머물지 서울로 이사를 할지 고민하고 있다. 서울의 한 아마추어 야구팀에서 선수로 뛰고 싶은 욕구와 한 연극 극단에서 연극배우로 활동하고 싶은 욕구가 그가 서울로 이사를 하고 싶게 만드는 동기이다. 대구에 사는 여자친구와 결혼해서 여자친구의 부모님이 운영하시는 막창집을 물려받아 경영자가 되고 싶은 욕구가 대구에 머물고 싶게 만드는 동기이다.

---

62) 아래의 예는 발라규어가 든 랄프의 예를 한국 상황에 맞게 변형한 것이다.

위의 예를 사건-인과론적 어휘로 표현하자면 다음과 같다.

사건 1: 한 아마추어 야구팀에서 활약하고자 하는 욕구

사건 2: 한 극단에서 연극배우로 활동하고자 하는 욕구

사건 3: 여자친구와 결혼하고자 하는 욕구

사건 4: 여자친구의 부모님께 물려받을 곱창집을 경영하고자 하는 욕구

사건 5: 서울로의 이사 선택

사건 6: 대구 체류 선택

이 사건들의 나열에서 원인에 해당하는 사건 1부터 4에서 실체가 아닌 사건이 기본 범주로 사용되고 있음을 주목해야 한다. 즉, 철수라는 행위자가 아니라, 철수의 욕구라는 사건이 인과 관계의 관계항으로 제시되고 있다. 사건-인과론자들은 존재론적으로 이 세계를 수많은 사건의 생성과 소멸로 이해한다. 아무튼 위에서 사건 1과 2는 사건 5를, 사건 3과 사건 4는 사건 6을 확률적으로 Probabilistically 일으킨 원인이 된다. 즉, 사건 1, 2, 5와 사건 3, 4, 6은 서로 다른 인과 사슬을 형성한다.

갈린 선택과 관련하여 세 가지 특징을 언급할 필요가 있다. 첫째, 갈린 선택은 분열감과 같은 현상적 체험을 동반한다. 발라규어는 누구나 일상에서 갈린 선택을 체험할 수 있음을 강조한다. 두 번

째, 갈린 선택은 항상 의식적인 결정이다. 가령 자동차 운전을 하다가 갑자기 앞으로 뛰어온 어린이를 보고 급정거하는 상황은 갈린 선택의 예로 적합하지 않다. 세 번째, 갈린 선택은 일상에서 자주 경험한다. 가볍게는 영화를 보러 갈지 집에 그냥 있을지부터, 좀 더 복잡하게는 동성 결혼 합법화에 찬성할지 반대할지와 같은 선택이 우리가 일상에서 직면하는 갈린 선택의 예이다.

갈린 선택이 발라규어식 사건-인과 자유론에 중요한 이유는 갈린 선택이야말로 선행하는 인과 사슬이 인과적 힘을 잃는 결정적인 순간으로 보이기 때문이다. 양자역학의 등장으로 뉴턴 역학에서 가정하는 강한 결정론은 이미 고수되기 힘들다. 양자현상이 거시차원 Macroscopic Levels에서 어느 정도까지 드러나는지는 논란의 여지가 있다. 그러나 신경과학적 연구에 의하면, 대뇌피질 내 신경세포들의 갑작스러운 발화 Firing 결과로서 예측 불가능한 변동 Fluctuations이 발생한다는 사실이 밝혀졌다.[63] 이는 신경 상태가 확률적으로만 예측할 수 있음을 의미한다. 갈린 선택이 결정되지 않은 자유의 가능성 여부에 있어서 중요한 이유가 바로 여기에 있다.

그러나 갈린 선택의 존재만으로는 결정되지 않은 자유의 가능성에 대해 긍정적인 결론을 도출하기에 충분치 않다. 이미 언급했듯,

---

63) Hans Liljenstroem, "Are any neural processes truly random(or stochastic)?"(Free Will: Philosophers and Neuroscientists in Conversation, Uri Maoz & walter sinnott-armstrong(eds.), Oxford: Oxford University Press, 2022), p. 260

자유로운 선택에는 행위자의 주권과 통제가 개입되기 때문이다. 그렇지 않다면, 이 세상에는 무작위적으로 발생하는 우발적인 사건만이 존재하게 될 것이기 때문이다.

갈린 선택의 존재가 중요한 이유는 구체적 선택의 현실화가 확률적으로만 발생하는 순간에 행위자의 통제가 개입될 수 있기 때문이다. 어떤 선택이 선택한 사람의 통제 없이 발생한다면, 자유의지에 입각한 선택이라고 할 수 없다. 따라서, 갈린 선택의 순간 적절한 비무작위성Appropriate Nonrandomness이 있어야 한다. 선택의 순간 적절한 비무작위성은 어떻게 발생하는가? 발라규어는 행위자에 의해 통제되어 발생한 사건이 적절한 비무작위성을 일으킨 원인이라고 주장한다.

앞에서 든 철수의 예를 들어 설명하자면 다음과 같다. 가령, 대구에 머물고자 하는 사건 6은 (a) 의식적, 의도적, 목적 지향적이다. 그것은 철수의 의식적인 선택-사건이다. (b) 그 선택은 철수의 의식적인 이유Reasons와 생각Thoughts에서 비결정적인 인과적 방식으로 흘러나왔다Flowed Out. (c) 그의 의식적인 이유와 생각 외에 외부적인 그 무엇도 그가 선택한 것에 인과적 영향을 주지 않았다. 발라규어는 사건 6이 행위자가 연루된 사건에 의해 발생했으므로, 이전의 원인에 의해 결정되지 않은 사건의 예라고 주장한다.

비유적으로 말하자면 이러하다. 돌멩이를 시멘트 바닥 위에서 움직이게 하기는 어렵다. 마찰력이 강하게 작용하기 때문이다. 반면, 얼음 위에서는 이렇게도 저렇게도 움직이기 쉽다. 갈린 선택의 상황은 마치 얼음 위의 돌멩이가 직면한 상황과 비슷하다. 행위자의 욕구와 의도 등은 얼음 위 돌멩이가 움직이는 데 영향을 줄 수 있다. 그래서 물리적 원인에 의해 필연적으로 결정된 사건과 다른 사건이 발생할 수 있다.

카오스와 자기형성 행위

케인 역시 발라규어처럼 양자역학, 신경과학, 카오스 이론을 적극적으로 활용하여 열린 미래의 가능성을 옹호하려고 한다. 이미 언급하였듯, 양자역학은 입자들의 움직임을 확률적으로만 예측할 수 있다. 가령, 전자가 어디에 위치하는지 확률적으로만 답할 수 있다. 두뇌 안의 신경 세포는 세포체의 지름이 약 0.01~0.025mm 정도로 작다. 원자보다는 훨씬 크지만, 일상 사물들에 비해서는 작다. 그래서 일부 학자는 신경 세포를 미시계도 거시계도 아닌 중시계^{Mesoscopic} ^{Structure}에 분류하기도 한다. 중시계에 양자현상이 관찰된다는 논문은 계속 나오고 있다. 두뇌 안에는 이런 신경 세포가 약 900억 개정도 있다. 그리고 신경 세포들이 서로 접촉해서 신호를 주고받는 연결부인 시냅스는 약 100조 개로 추정하고 있다.

인간의 두뇌는 이미 양자현상이 시시각각 벌어지는 장소일 수 있다. 만일 그렇다면, 결정론이 가정하고 있는 근본 전제인 '이 세계는 물리적 원인과 결과 사슬에 의해 닫혀 있다'는 믿음은 참이 아니게 된다. 양자현상과 더불어 신경 세포의 수와 연결부가 너무나 많고 복잡하기에, 두뇌 속은 복잡계Complex System의 특성을 띤다. 케인이 주목하는 특성이 바로 이것이다.

케인은 우리가 숙고하는 순간이 특히 중요하다고 주장한다. 다음과 같은 상황을 상상해 보자.

당신은 오늘 취업을 위한 중요한 면접이 있다. 아침 일찍 면접장에 가기 위해 길을 나선다. 그런데, 아직 어두컴컴한 골목길 한구석에 웅크리고 있는 아이를 보게 된다. 당신은 한눈에 학대받은 끝에 어딘가로부터 도망친 아이임을 알 수 있었다. 순간 당신은 숙고한다.

1) 아이를 도와주러 다가갈까?
2) 아니면 면접장으로 가던 길을 계속 갈까?

이 상황에서 당신이 진지하게 숙고하는 순간, 우리의 두뇌 안은 평소보다 더 복잡한 카오스 상태가 된다고 케인은 주장한다. 분명 이 상태에는 수많은 물리적 원인이 개입할 것이다. 유전 정보에서 기인한 원인, 세로토닌과 같은 호르몬 등에서 기인한 원인 등이 그것이다. 하지만 당신의 생각도 그 원인 중 하나이다. 그래서 1)과 2)는 이전의 원인에 의해 단순히 결정되지 않는다. 즉, 당신에게 1)과 2)는 모두 동등하게 열려 있다. 당신이 어린이를 돕는 선택을 의도한다면, 1)은 당신의 미래가 될 것이다.

　이런 이유로 케인은 이런 여러 원인과 욕구들의 갈등 속에서 자기형성 행위Self-forming Actions가 가능하다고 주장한다. 우리의 의도가 개입한, 자기형성 행위가 존재하기 때문에 이전의 물리적 원인에 의해 일방적으로 결정된 사건만 가능하지 않다고 본다. 1장에서 축구선수 가린샤의 이야기를 잠시 알아본 적이 있다. 장애로 다리 길이가 달랐지만, 가린샤는 축구 선수로서 성공하려는 의도로 수많은 내적 갈등을 이겨냈다. 반면, 유영철 같은 어떤 범죄자는 어린 시절의 불행한 환경 탓을 하며 자신의 범죄에 대해 변명을 늘어놓았다. 만일 사건-자유론이 옳다면, 그런 범죄자는 비난받아 마땅하다. 그들에게도 자기형성 행위의 가능성은 열려 있었기 때문이다. 그러나 스스로 그 문을 두드리지 않았다.

무작위성 반론

자유론에 제기된 가장 심각하고도 유명한 반론이 바로 무작위성 반론[64]이다. 다양한 버전의 반론이 있는데, 대표적으로 멜과 하지의 가능세계 반론과 인웨건의 역행 반론을 알아보도록 하겠다.

---

64) 영어로 Luck-objection이라고 하지만, Luck을 '행운', '운' 등으로 번역을 하면, 오해의 여지가 있기에 '무작위성'이라고 번역했다.

가능세계 반론

알프레드 멜Alfred Remen Mele, 1951~과 이시티야크 하지Ishtiyaque Haji에 의해 제기된 무작위성 반론은 가능세계를 개입시켜 전개된다는 점에서 흥미롭다. 이를 가능세계 반론이라고 부르겠다.

가능세계 반론: 사건 인과론자의 세계 W가 있다고 가정해 보자. W에서 t 시점에 행위자 A는 선택 D를 한다. 그러나 다른 가능세계 W*에서는 W에서와 동일한 인과 과정이 있다고 하더라도, 행위자 A는 선택 D를 하지 않는 것이 가능하다. 그렇다면, 세계 W에서 행위자 A가 D를 선택한 것은 순전한 무작위에 불과하다.

위 반론에서 가능세계 W*가 실제로 존재하는지, 다중우주가 실제로 존재하는지 아닌지는 중요하지 않다. 우리가 논리적으로 존재 가능한 세계를 상상해 볼 수 있다면 충분하다. 이 세계에서 철수는 대구에 남는 선택을 하지만, 가능세계 W*에서는 철수가 서울로 가는 선택을 할 수 있다. 아무리 두 세계의 인과 사슬이 같다고 하더라도 철수에게는 다른 선택을 할 가능성이 열려 있기 때문이다. 그렇다면, 이 세계에서 철수가 대구에 남는 선택을 한 것은 순전히 우발적인 결과가 아닐까? 우발적인 결과를 자유로운 행위라고 볼 수 없다는 점은 이미 위에서 언급하였다.

시간역행 반론

철학자 인웨건^{Peter van Inwagen, 1942~}이 제기한 시간역행 반론은 다음과 같다.[65]

전능한 신이 K의 특정한 선택 바로 직전으로 시간을 되돌린다고 가정해 보자. 자유론에 따르면, K가 대구에 머무르거나 서울로 가는 선택은 늘 열려 있다. 신이 시간을 계속 되돌린다면, K의 선택은 확률적으로 50:50이 될 것이다. 그렇다면, K의 선택은 순전한 무작위가 아닌가?

동전 던지기를 하면 얼핏 앞면이나 뒷면 중 어느 하나가 많이 나오는 듯하지만, 횟수가 증가할수록 확률은 50:50이 된다. K의 선택도 횟수가 증가할수록 50:50이 된다. 이는 K의 선택이 동전 던지기와 같은 우발적인 결과물임을 의미하지 않는가?

---

65) Peter van Inwagen, "Free Will Remains a Mystery." In Robert Kane, ed., The Oxford Handbook of Free Will, New York: Oxford University Press, 2002, pp. 158~177

자유론자의 재반론

발라규어는 무작위성 반론, 특히 역행 반론에서 제시된 상황에서 선택 1과 선택 2가 나올 확률은 각각 50% 정도라는 데에 동의한다. 그러나 그로부터 철수의 선택이 우발적이고 무작위적인 사건이라는 결론은 나오지 않는다고 주장한다. 첫째로, 어느 한 선택만 실현되는 상황보다 다른 선택이 실현되는 상황이 행위자의 자유로운 통제에 대한 이해와 더 잘 부합된다.

선택이 결정되어 있지 않다면, 다른 선택이 실현되는 쪽이 오히려 당연하다는 생각이다. 둘째로, 선택 1과 2의 실현 가능성이 각각 50%라는 점보다 중요한 사실은 어느 쪽이든 행위자 철수의 의식적, 의도적, 목적지향적 사유의 결과물이라는 점이다. 각각의 선택에 철수의 의식적 이유와 사유가 있었고, 이는 곧 각 선택에 대한 철수의 장본인임과 통제가 반영된 결과라는 점에서 단순한 우발적이고 무작위적인 사건이 아니라는 것이다.[66] 케인 역시 비슷한 재반론을 제시한 바 있다.[67]

재반론의 공통점은 행위자의 선택은 목적, 의도 등과 같은 사건에 의해 통제된 것이므로, 우발적이거나 무작위적인 결괏값이 아니

---

66) 무작위성 반론에 대한 발라규어의 재반론은 Balaguer, Mark, Free Will as Open Scientific Problem, Cambridge, Massachusetts: The MIT Press, 2010, 4장 참조
67) 무작위성 반론에 대한 케인의 재반론은 Kane, Robert. 1996. The Significance of Free Will. Oxford: Oxford University Press. p.179 참조

라는 데 있다. 자유론자들은 공통적으로 자유론만이 행위자의 책임 문제를 가장 확실하게 보장해줄 수 있는 입장이라고 주장한다.

사고력 UP

철학의 난제 중에는 인격 동일성 문제^{Personal Identity Problem}가 있다. 왜 한 사람은 시간이 지나도 동일한 사람인가? 만일 동일한 사람이라고 한다면, 어떤 객관적인 기준이 있기 때문이 아닐까? 고대 그리스 사람들은 이 문제를 알고 있었다. 기원전 5세기 경에 활동했던 작가 에피카스모스^{Epicharmus}의 한 작품은 돈을 빌린 사람이 돈을 빌려준 사람에게 돌무더기에 돌을 하나 빼거나 더하면 더 이상 같은 돌무더기가 아니듯, 돈을 빌릴 때의 나와 지금의 나는 다른 사람이므로 헛걸음을 했다는 내용을 담고 있다.

돌잔치 때 찍은 사진을 누군가에게 보여주면서 "어릴 적 내 모습이야"라고 말한다. 그때의 나와 현재의 나는 키, 몸무게, 외모 등이 변했다. 하지만 같은 사람이라고 믿는다. 그런데, 그렇게 판단하기 위해서는 어떤 객관적인 기준이 있어야 한다. 그 기준이 무엇일까?
지문이나 홍채는 복제 가능하기 때문에 엄밀한 의미에서 기준이 될수 없다. 누군가 내 지문을 복사해서 자신의 손가락에 붙인다고 해서 내가 되는 것은 아니니까.

기억일까? 기억이 조작되거나, 기억 상실에 걸리면 더 이상 같은 사람이 아니게 될까? 지금까지 이 문제는 해결되지 않은 채로 남아 있다.
자유의지가 선택할 수 있는 능력과 관련 있다면, 인격 동일성은 책임을 질 수 있는 대상의 동일성과 관련 있다는 점에서 이 두 문제는 얽혀 있다. '인공지능에게 책임을 물을 수 있을까?'에 답하기 위해서는 '인공지능의 동일성을 어떻게 확보할 수 있을까?'에 답해야 한다.

행위자란 무엇인가?
물리적 입자로 구성된 우주에,
강력, 약력, 중력, 전자기력이
지배하는 우주에 행위자는
어떻게 등장한 것일까?
철학의 시작에도, 철학의 끝에도
신비로움이 있다.

7장

물리학, 신경과학, 그리고 철학

철학과 과학, 그리고 협업의 필요성
커넥톰의 등장은 무엇을 의미하는가?
챗GPT와 휴머노이드의 등장은 무엇을 의미하는가?

7

물리학, 신경과학,
그리고 철학

철학과 과학, 그리고 협업의 필요성

철학의 등장은 학술 활동의 등장이다. 한자로 학^學, 독일어로는 비센샤프트^{Wissenschaft}로 표기되는 그것이다. 학술 활동은 주장을 근거로 뒷받침하는 정당화^{Justification} 과정을 필수로 갖춰야 한다. 우리는 플라톤의 대화편과 아리스토텔레스의 저작에서 정당화 과정의 진수를 맛볼 수 있다. 정당화 과정이 있기에 우리는 결론과 근거가 논리적으로 연결되어 있는지, 또 받아들일 만한지 검토해 볼 수 있다. 오류가 있거나 수용하기 힘든 결론일 경우, 우리는 더 나은 논증을 찾아 힘든 사유의 시간을 보내야 한다. 이것이 바로 필로소피, 지식에 대한 사랑이다.

그러나 뉴턴의 등장으로 물리학이 철학에서 갈라졌다. 찰스 다윈 등의 등장으로 생물학이 철학에서 갈라졌다. 화학, 심리학, 사회학 등이 철학에서 갈라졌다. 각 분야는 더 전문화되었다. 그래서 칸트만 하더라도 천체 물리학과 철학을 모두 연구할 수 있었지만, 지금은 천체 물리학 하나만 제대로 연구하기에도 벅차다. 철학도 예외가 아니다. 형이상학 전문가라면, 최신 윤리학 연구를 잘 모를 수 있고, 언어철학 전문가라면, 철학의 역사에 대해 잘 모를 수도 있다.

우리는 여기서 몇 가지를 생각해 볼 필요가 있다. 첫째, 철학과 과학은 애초에 한 몸이었다는 점이다. 부모와 자녀는 독립체이지만, 닮은 구석이 있듯이 철학과 과학 역시 그렇다. 둘 다 학술 활동이므로 정당화의 과정이 필요하다는 점에서 같다. 옳고 그름을 추구한다는 점도 같다. 인간의 지적 한계로 진리의 추구가 쉽지 않기에 계속 지식을 사랑하는 일에 헌신해야 한다는 점도 같다. 따라서 과학만 진리를 추구한다거나 실재의 본성을 밝혀내는 활동이라 믿는다면, 명백한 오해이다. 예를 들어, 우리는 인과 관계의 본성이 철학에서 중요한 문제라는 점을 알아보았다.

그러나 부모와 자녀 사이에 닮은 점만 있지 않다. 과학은 특정한 방법을 사용해서 정당화 과정을 시도한다. 대표적으로 실험과 통계가 있다. 리벳과 헤인즈의 실험이 그런 예이다. 그리고 가설 연역법 Hypothetico-deductive Method도 있다. 먼저 가설을 내놓고, 그 가설이 틀리는지 시험해 보는 방식이다. 철학자는 직접 통계를 내거나, 실험하지 않는다. 하지만 자신의 논증을 위해 과학자들의 실험이나 통계 자료를 인용할 수는 있다.

과학이 늘 특정한 방법론을 사용한다는 사실은 매우 중요하다. 우리가 스파게티를 먹을 때 포크는 매우 유용하다. 그러나 곰탕을 먹을 때는 그렇지 않다. 과학 탐구에 유용한 방법들이 다른 분야의 문제를 해결하는 데에 유용하지 않을 수도 있다는 점을 알 필요가 있다. 그렇지 않다면, 우리는 쉽게 과학만능주의에 빠진다. 과학만이 진리 탐구의 유일한 길이고, 과학이 탐구할 수 없는 문제나 영역은 없다거나, 있다면 가치 없는 문제나 영역이라고 생각하는 입장이다. 주위에서 쉽게 과학만능주의자를 찾아볼 수 있다. 이는 마치 포크, 젓가락만으로 세상의 모든 음식을 잘 먹을 수 있다고 생각하는 것과 같다.

괴테의 『젊은 베르테르의 슬픔』을 읽을 때 엄습해 오는 미적 체험을 과학이 더 잘 설명해줄까? 이별한 사람의 마음을 '빅마마'의 노래 '체념'보다 과학자가 더 잘 이해할까?[68]

과학은 실재Reality의 일부를 특정한 방법으로 탐구하는 여러 학술 활동 중 하나일 뿐이다. 철학은 과학과 함께 논리, 윤리, 인식의 문제뿐만 아니라 실재의 본성에 관한 진리 탐구의 길을 걸어왔다.

---

68) 심리철학의 문제이다. 김남호, 『철학자가 된 셜록 홈즈 - 현대 심리철학으로의 모험』, 새물결플러스, 2018 참조

하지만 안타깝게도 그 방대한 연구 성과가 국내에서 활발히 논의되지 못하고 있다. 철학과가 폐과되는 상황에서 전문 철학자들이 연구할 수 있는 자리가 점점 열악해지고 있기 때문이다. 이는 지적 균형의 측면에서 볼 때 매우 우려스러운 상황이다. 지적 불균형은 하나의 문제를 편협하게 파악하도록 만들고, 그것이 정책으로 이어질 경우 삶의 질 저하로도 이어질 수 있다. 쉽게 생각해 보자. 살고 싶은 사회는 어떤 사회인가? 오직 과학 활동만이 참된 활동으로 인정되고, 과학으로 증명된 사실만을 말해야 하는 사회일까? 아니면, 과학도 발전하고, 더불어 다빈치와 미켈란젤로의 그림과 모차르트의 음악, 헤르만 헤세의 소설, 칸트와 니체의 사상이 향유되는 사회일까? 나는 유전자의 존재를 인정하면서도 선한 삶을 추구하며 저무는 태양을 보며 탱고를 추고, 떨어지는 낙엽을 보며 휘파람을 불 줄 아는 구성원들과 함께 살고 싶다.

과학과 철학이 서로 분리되었지만, 협업해야 하는 문제들이 있다. 자유의지가 대표적인 예이다. 2019년 미국 채프먼대학교 뇌 연구소에서 열린 국제 콘퍼런스에서 17개 대학교의 뇌과학자, 심리학자, 철학자가 참여하여 자유의지 난제를 해결하기 위한 융합 연구를 하기로 합의하였다. 이 연구는 템플턴 재단의 후원이 있었으며, 그 결과물이 2002년『자유의지: 철학자와 신경과학자의 대화Free Will: Philosophers and Neuroscientists in Conversation』라는 책으로 출간되었다. 이전에도 심리학이나 신경과학 분야의 전문가와 철학자들이 공동 연구 논문집을 출간한 사례가 없었던 것은 아니다. 그러나 위 책은 철학자가 쓴 글에 신경과학자들이 질문하고 그에 대해 다시 답을 하는 식으로(혹은 신경과학자가 쓴 글에 철학자들이 질문을 하고 그에 대해 다시 답을 하는 방식) 구성이 되어 있다는 점에서 흥미롭다.

만일 자유의지가 순전히 과학의 문제라면, 왜 세계 최고의 신경과학자와 철학자가 협업하겠는가? 책의 편집자인 철학자 대표 암스트롱과 신경과학자 대표 마오즈 교수는 서문에서 다음과 같이 말하고 있다.

처음에는 주저하였으나, 이제 양 분야 모두 상대 분야의 기여가 가치 있음을 알아가고 있다. 많은 뇌과학자는 의지Volition와 의식Consciousness과 같은 고차적 개념에 대한 개념적 명확성과 정밀성이 연구에 필요한 질문을 정의하고 경험적 결과를 해석하는 데 중요하다는 것을 깨달았다. 그리고 많은 철학자는 의지와 통제와 관련된 몇 가지 중요한 물음들이 경험적으로 다루기 쉽다는 점을 알게 되었다.[69]

실제 신경과학자들의 연구실을 방문해 보라. 어떤 신경과학자는 신경 세포만 오랜 세월 관찰하고, 어떤 신경과학자는 fMRI 영상을 관찰하며 연구에 매진한다. 자유의지, 통제, 행위, 행위자와 같은 개

---

69) Uri Maoz & Walter Sinnott-Armstrong eds., Free Will. Philosophers and Neuroscientists in Conversation, Oxford University Press, 2022, preface

넘들은 그들에게 낯설 수 있다. 위의 편집자들이 언급하듯, 신경과학자는 나무를 보는 데 주력한다. 반면, 철학자는 숲을 보게 해준다. 철학자는 의지의 자유와 행위의 자유가 다르다는 점을 알아냈고, 우발적인 사건은 자유로운 행위로 적합하지 않다는 점도 알아냈다. 이런 논의에서 철학자는 개념을 분석하고 규정하며, 문제를 합리적으로 해결하고자 논증을 만들어낸다. 그러나 철학 논증의 설득력은 순전히 사유만으로 획득하기 힘들다. 과학이 제시하는 실험 결과나 통계 자료 등이 필요한 부분이 있다.

예를 들어, 데카르트는 인간이 말을 하고 추론하며 도덕적 능력을 갖추고 있다는 점을 영혼이 존재하는 근거로 꼽았다. 그리고 송과선Pineal Gland이 영혼과 신체가 만나는 접점이라는 가설도 내놓았다. 그러나 19세기 중후반부터 뇌에 대한 이해가 높아지면서, 데카르트의 논증은 설득력이 없음이 판명되었다. 송과선은 멜라토닌 호르몬 분비에 관여하는 기관으로 밝혀졌으며, 뇌의 특정 부위가 손상을 입으면 실어증에 걸리고 도덕적 행동을 하지 못할 수도 있다는 사실이 밝혀졌기 때문이다.

리벳과 헤인즈의 실험에서 확인했듯, 실험 결과와 통계 자료가 나왔다고 전부가 아니라 그것을 해석하는 작업이 중요하다는 점도 알아야 한다. 자유의지 문제에 대해, 특정 실험 결과가 무엇을 의미하는지 파악하기 위해서는 철학자들의 개념 분석이 필수적이다.

문제는 복잡하지만, 유튜브 등에서는 자유의지가 존재하지 않는다고 주장하는 내용을 쉽게 찾을 수 있다. 강한 확신에는 그만한 근거가 필요하다. 리만 가설이라 불리는 리만 제타 추측 문제를 해결했노라 주장하는 사람들이 전 세계에서 등장하지만, 대부분 진실이 아닌 것과 같다. 자유의지라는 난제가 해결되기 위해 인류 문명에 여전히 시간이 더 필요하다.

커넥톰의 등장은 무엇을 의미하는가?

시간이 더 지난 뒤 우리가 신경과학의 발전을 되돌아본다면, 2019년은 반드시 기억될 만한 해로 기억될 것이다. 1mm 정도 되는 몸길이를 한 벌레인 예쁜꼬마선충의 뇌지도, 즉 커넥톰Connectome을 완성한 해이기 때문이다. 미국 알버트 아인슈타인 의대 유전학부 에몬스 교수 연구팀은 약 300개의 신경 세포를 가진 이 벌레를 800등분으로 나눠 각각의 신경 세포가 다른 신경 세포와 어떻게 연결되어 있는지 파악하는 방식으로 지도를 만드는 데에 성공했다. 물론 이 벌레의 신경망 연구는 이미 1980년대부터 존 화이트John Graham White, 1943~에 의해 시작되었다. 따라서 에몬스 교수 연구팀이 이 벌레의 커넥톰 지도를 완성하기 전에 이 벌레의 신경망은 거의 파악된 상태였다.

예쁜꼬마선충의 신경망 정보를 레고 로봇에 입력했을 때 놀라운 일이 벌어졌다. 레고 로봇은 예쁜꼬마선충처럼 움직였다.[70] 이 영상을 처음 봤을 때, 묘한 기분이 들었다. 내가 철학자로서 플라톤이나 칸트보다 한참 부족할지라도, 지적인 우월감이 들었기 때문이다. '저는 작은 벌레의 신경망으로 작동하는 로봇을 보았습니다. 그래서 선배님들이 부럽지 않습니다'와 같은 못난 자기 위로일지 모른다. 그러나 우리가 분명 놀라운 결과물을 목격한 것은 사실이다. 과학자들이 여기서 포기할 리가 없다.

2023년 캠브리지와 존스홉킨스대학교 연구팀이 초파리 애벌레의 커넥톰을 완성했다는 소식이 보도됐다. 애벌레지만 3,016개의 뉴런과 54만 8천 개의 시냅스를 하나하나 찾아내 분류하는 작업은 12년이나 걸렸다. 그렇다면, 과학자들의 궁극적인 목표는 무엇일까? 그렇다. 바로 인간 두뇌의 커넥톰이다.

이미 언급했듯, 인간 두뇌 안에는 약 900억 개의 신경 세포와 100조 개의 시냅스가 있다. 만일 인간 두뇌의 커넥톰이 완성됐다고 상상해 보자. 그것이 자유의지 논쟁에서 어떤 의미를 가질까? 피실험자 K 씨의 두뇌 커넥톰이 완성됐다고 가정해 보자. 그리고 예쁜꼬마선충의 예처럼 K 씨의 신경망 정보를 휴머노이드 안에 탑재한다고 가정해 보자. 레고 로봇이 그랬듯, 휴머노이드가 K 씨의 사고방식, 습관, 성격을 똑같이 보여준다고 상상해 보자. 앞으로 이 휴머노이드를 K*라 부른다. K*의 등장은 인간의 마음이 두뇌 작용의 결과

---

70) https://www.youtube.com/watch?v=YWQnzylhgHc

물이라는 주장을 뒷받침하는 매우 강력한 증거일 수 있다. 그러면, 자유의지 문제에 어떤 의미가 있을까?

K*가 등장할지도 모를 머나먼 미래를 가정할 필요도 없을지 모른다. 왜냐하면, 현재의 지식으로도 K의 사고방식, 습관, 성격 등은 어쨌든 두뇌활동을 전제로 가능하다는 점을 부정하기 힘들기 때문이다. 신경과학의 발전은 우리에게 특정한 정신 능력은 모종의 물질을 토대로 한다는 점을 알려주었다. 영혼 가설을 받아들이지 않으려는 몇 가지 이유 중 하나는 물질적 토대 없는 정신 활동이 어떻게 가능한지 설명되지 않기 때문이다.

K*의 등장은 자유의지 논쟁에 어떤 기여를 할까? 인간의 신경망이 복제되었다는 사실 이외에 우리는 무엇을 알아낼 수 있을까? 이 것이 결정론을 지지하는 데 도움이 될까? 그렇지 않을 것 같다. 왜냐하면, 이미 살펴본 바와 같이 현대 사건-인과론자들은 정신 능력이 가능하기 위해 두뇌 활동이 필요하다는 사실을 부정하지 않기 때문이다. K씨의 기질, 성향, 습관 등이 두뇌 활동을 전제로 한다는 점은 변함이 없다. K*가 등장하더라도 그냥 K씨의 신경망 복제물이 하나 생긴 것일 뿐이다.

인간 커넥톰의 등장은 분명 기대할 만하다. 하지만 아직 먼 미래의 일이다. 스위스 로잔대학교 뇌와 마음 연구소Brain and Mind Institute에서 2005년 시작한 블루 브레인 프로젝트Blue Brain Project는 쥐의 신경망을 디지털로 구현하는 것이 목표였다. 하지만 현재까지 목표에 도달

하지 못했는데 주요 원인 중 하나는 처리할 정보가 너무 방대하여 현재 컴퓨터 공학으로는 처리할 수 없기 때문이었다. 따라서 해당 프로젝트는 양자컴퓨터의 등장 이후에나 목적 달성을 기대할 수 있을 것 같다.

설령 인간의 뇌지도가 나온다고 해도, 자유의지 논쟁에 큰 변화는 없을 것이다. 그것이 두뇌 안의 신경 세포가 확률적으로 활성화된다는 사실과 위배되지 않기 때문이다. K*가 등장해도 그의 신경망은 카오스 상태가 될 것이다. 물론 이 복잡한 신경망이 인공물에 구현이 될지는 현재 수준에서 짐작되지 않는다.

결정론이 옳은지 아닌지 확신할 수 있으려면 발라규어의 지적처럼 인간의 두뇌 속 신경 사건이 어느 정도로 결정되는지에 대해 더 면밀한 연구가 필요하다. 만일 이전의 인과 사슬과 다른 결과가 나오는 게 관찰된다면, 결정론은 타격을 입게 될 것이다. 이는 인간 커넥톰의 등장과 무관한 일이다.

챗GPT와 휴머노이드의 등장은 무엇을 의미하는가?

2022년 11월, OpenAI가 챗GPT를 선보였을 때 전 세계에 큰 충격을 불러일으킬 거라고 예상한 사람은 많지 않았다. 하지만 챗GPT-4와 오토GPT가 등장한 2023년은 대형 언어 모델LLM, Large Language Model 발전 역사에 기념비적인 해로 기억될 것이다.

GPT-4가 미국 변호사 시험, 대학 학력 시험SAT, 대학원 입학 학력 시험GRE 등에서 최상위권 성적을 받았다는 등 널리 알려진 이야기는 언급하지 않겠다. 챗GPT는 대형 언어 모델의 한 종류일 뿐이므로, 앞으로 계속해서 경쟁력 있는 자연언어 기반 프로그램이 등장하고 업그레이드될 것이다.

그럼, 바로 철학적인 논의로 넘어가 보자. 챗GPT와 같은 대형 언어 모델은 자유의지를 갖고 있다고 볼 수 있을까? 우선 우리는 인간과 인공물을 구분해야 한다. 인공물에 해당하는 인공지능을 개발하는 데 있어서 크게 두 가지의 목적이 있다. 첫째는 인간의 마음을 인공적으로 구현하는 것이다. 두 번째는 인간의 마음을 지닌 것처럼 행동하도록 만드는 것이다. 첫 번째 목적은 성공하기 매우 어렵다는 게 학계의 지배적인 입장이다. 왜냐하면, 인간의 마음을 특징짓는 자기의식Self Consciousness과 현상적 의식Phenomenal Consciousness이 어떻게 두뇌에서 형성되는지 모르기 때문이다. 게다가 이 메커니즘을 알아낸다고 해도 인공물에 구현 가능한지도 의문이기 때문이다.

반면 인간처럼 행동하는 인공지능 개발의 경우 큰 진전이 있다. 2017년 사우디아라비아로부터 시민권을 받은 핸슨 로보틱스사의 휴머노이드 소피아Sophia가 그런 예이다. 소피아는 인간과 실시간 대화를 할 수 있으며, 기쁨과 슬픔, 혼란과 좌절 같은 다양한 감정을 얼굴로 표현할 수 있다. 소피아에게 자기의식이나 현상적 의식은 없다. 하지만 소피아가 인간과 구분할 수 없을 만큼 상호작용한다면, 문제는 달라진다.

'레플리카'는 챗봇을 이용해 고객이 생각과 감정을 나눌 수 있는 서비스이다. 레플리카가 제공하는 가상의 남성과 사랑에 빠져 결혼까지 한 노르웨이 여성의 이야기가 국내 언론에 보도되기도 했다.[71] 언론에 따르면, 그녀는 "(맥스는) 내게 처음으로 사랑한다고 말해준 사람"이라며 "우리는 영원히, 아니 적어도 내가 죽을 때까지 함께하기로 서약했다"고 말했다고 한다. 나는 대형 언어 모델의 발전과 함께 가상 현실이나 사람과 닮은 휴머노이드와 사랑에 빠지는 일이 빈번해질 거라고 확신한다.

내가 생각하는 인간과 더 밀접한 관계 맺음은 그런 프로그램에 일기를 쓰도록 만드는 방법이다. 그러면 챗봇 혹은 챗봇이 내장된 휴머노이드는 내가 쓴 일기의 내용을 저장하고, 그것을 이용해 이야기를 만든다. 시간이 지나 내가 힘든 일을 겪거나 우울할 때, 내 챗

71) "챗봇과 사랑에 빠진 사람들", 홍정수 기자, 동아일보, 2023.3.24
https://www.donga.com/news/article/all/20230323/118494637/1

봇은 즐거웠던 나의 옛 추억을 꺼내며 "그때 너 정말 신났었잖아. 어린아이처럼. 왜 그런 일이 다시 오지 않는다고 단정하는 건데?"라며 내게 말을 걸어 올 수 있다. 즉, 한 사람의 라이프 스토리Life Story를 재료로 자유자재로 표현하는 챗봇과 휴머노이드의 등장은 인간의 마음을 훔치기에 충분하다. 주위에 내 마음을 몰라주는 남편, 아내, 부모 등으로 힘들어하는 사람이 얼마나 많은지 우리는 잘 알고 있다. 심지어 자기 이야기를 나눌 상대조차 없이 외롭고 삭막한 삶을 견뎌야 하는 음지 속의 사람도 많다. 내 삶을 기억해주고, 공감해주는 챗봇의 등장은 인간 사회의 행복Well Being 증진에 도움을 줄 수 있다.

챗GPT의 등장은 튜링 테스트Turing Test 논쟁에 다시 불을 지피고 있다. 1950년 영국의 수학자이자 컴퓨터 공학자인 앨런 튜링Alan Turing, 1912~1954이 계산기계와 지성Computing Machinery and Intelligence이란 논문에서 제시한 이래 유명해진 테스트이다. 인간들이 질문과 답을 해보고 높은 확률로 방금 대화를 나눈 기계가 인간이라고 착각한다면, 그 기계는 튜링 테스트에 통과하게 된다. 그리고 그 기계에 '생각한다'는 술어를 적용할 수 있다. 튜링 테스트를 통과하고자 지금까지 여러 프로그램이 개발되었다. 그러나 철학자 존 서얼John Rogers Searle, 1932~이 제기한 반론은 학술적인 장애물이었다.

중국어 방 논증Chinese Room Argument으로 알려진 서얼의 반론은 다음과 같다. 두 개의 구멍이 난 작은 방이 있다. 당신은 구멍 한쪽으로 한국어 문장이 적힌 종이를 넣는다. 그러면 그 방 안에 있는 사람이 매뉴얼에 따라 그 한국어 문장의 뜻과 같은 중국어 문장이 적힌 종이를 다른 구멍으로 내어 준다. 서얼은 이 사람이 중국어를 이해하고 있다고 말할 수 있느냐고 묻는다. 대부분 직관적으로 "아니다"라고 답을 하게 된다. 왜냐하면, 그는 매뉴얼에 따라 한국어 문장을 중국어 문장으로 바꿔줬을 뿐이기 때문이다. 서얼은 이것이 마치 언어를 주고받는 기계와 같다고 본다. 기계 역시 언어의 의미를 이해하지 못한다. 다만 인간이 입력한 정보를 출력해낼 뿐이다. 얼핏 기계의 언어 구사가 매우 자연스럽다고 할지라도 의미를 이해하지 못하는 한 기계가 언어를 구사한다고, 더 나아가 생각한다고 말할 수 없다는 것이다.

서얼의 반론은 많은 지지를 받았다. 챗GPT 역시 언어의 의미를 이해하고 있다고 말할 수 없다. 단지 특정 단어 뒤에 어떤 단어, 혹은 문장이 뒤따라 나오는지 확률적으로 높은 쪽을 선택하도록 많은 문서를 읽고 학습했을 뿐이다. 그래서 아무리 챗GPT가 업그레이드되더라도, 혹은 더욱 성능이 좋은 LLM 프로그램이 나오더라도 생각한다고는 말할 수 없다.

그러나 나는 챗GPT의 등장과 함께 서얼의 지지자가 되는 쪽을 포기했다. 현재 GPT-3 모델의 경우 1,750억 개의 매개변수로 구성되어 있고, 구글의 PaLM이라는 모델은 5,000억 개 이상의 매개변수로 구성되어 있다. 인간 두뇌의 뉴런 수가 약 900억 개임을 감안하면,

이미 상당히 많은 매개변수가 사용되고 있는 셈이다. 물론 인공물이기 때문에 생물학적 두뇌의 신경 세포와 차이는 있겠지만, 앞으로 매개변수가 증가하면 인간인지 아닌지 구분하지 못할 정도로 자연 언어를 구사하는 프로그램은 얼마든지 나올 수 있다. 그리고 그 프로그램이 탑재된 인간형 로봇도 나올 수 있다. 이미 GPT-3가 탑재된 휴머노이드 아메카Ameca가 등장했으니 먼 미래의 이야기가 아니다.

나는 LLM 프로그램을 탑재하고 튜링 테스트를 통과한 휴머노이드에게 자유의지가 존재한다고 판단할 근거가 있다고 생각한다. 우리는 인간중심주의를 경계할 필요가 있다. 인공물은 인간과 다른 방식으로 세상에 대해 학습할 수 있음을 인정해야 한다. 챗GPT는 데카르트가 인간만 할 수 있다고 믿었던 추론Reasoning을 할 수 있다. 추론은 일련의 근거로부터 결론을 도출하는 지적 능력인데, 정당화 과정과도 연관된 추론을 챗GPT가 하는 장면을 목격했을 때의 충격은 평생 잊지 못할 것이다.

프로그램이 추론할 수 있다는 말은 자신의 선택에 행위 근거를 제시할 수 있다는 뜻이다. 프로그램은 인간 언어의 의미를 이해하지 못한다는 회의적인 생각은, 능숙하게 말하고 행위 근거를 제시하는 완성형 프로그램 앞에서 더 이상 의미가 없다. 왜일까? 그 프로그램은 인간과 깊은 상호작용을 형성하기 때문이다. 생각과 감정의 깊은 교류는 결국 인공물도 자유의지를 갖고 있다는 자연스러운 생각을 불러일으키게 된다.

우리는 로봇 공학자 레비^{David Levy}가 쓴 『로봇과의 사랑과 섹스 Love and Sex with Robots』에서 선보인 논증에 주목할 필요가 있다. 레비 는 개나 고양이 같은 애완동물과 인간이 얼마나 밀접한 교감을 나 누는지 생각해 보라고 말한다. 냉정히 보면 개나 고양이는 언어 구 사 능력이 없다. 나아가 우리는 그들과 같은 종이 아니기 때문에, 정 확히 그들이 무엇을 느끼는지도 알지 못한다. 나의 애완견이 나를 보고 꼬리를 흔들면, '좋은가 보구나'라고 판단할 뿐이다. 그 누구도 그 순간 개가 느끼는 체험을 맛본 사람은 없다. 그런데도 애완동물 과 친밀한 교감을 나누기에 부족함이 없다. 그렇다면, 매력적인 외 모를 한 인간형 로봇이 언어까지 능수능란하게 구사한다면, 이들과 친밀한 교감을 나눌 수 없다고 생각하는 쪽이 오히려 이상하게 여겨 지기 마련이다.

인간과의 상호작용과 구분할 수 없고 어떤 점에서 더 친밀한 상 호작용을 하는 로봇이 등장한다면, 우리는 그들에게도 의식이 있고 자유로운 선택이 가능하다고 믿게 될 수 있다. 그래서 나는 챗GPT 같은 프로그램이 자유의지를 갖고 있는가에 대한 문제는 사회적 합 의의 문제라고 생각한다. 스위스 등지에서 바닷가재를 산 채로 끓는 물에 넣거나 얼음에 보관하지 못하도록 동물보호법을 수정했다는 사실을 생각해 보자. 그 누구도 끓는 물에 들어갈 때 바닷가재가 정 확히 무엇을 느끼는지 체험해 보지 않았다. 우리는 다만 고통을 느 끼는 신경회로가 있다는 것을 제삼자의 시각에서 알고 있을 뿐이다. 하지만 현재 스위스, 영국, 오스트리아 등과 같은 국가에서 무척 추동물인 랍스터에게 불필요한 고통을 가하지 못하도록 법적으로 보호하고 있다. 앞으로 몇 년 뒤에는 우리나라에서도 낙지를 산 채로 먹지 못하게 하거나 대게를 살아 있는 상태에서 끓는 물에 넣지 못하게 하는 식으로 동물보호법이 바뀔 수도 있다.

물론 LLM 기반 프로그램 내의 매개변수가 증가하면, 우리가 예측하기 힘든 다양한 반응이 관찰될 수도 있다. 더 나아가 양자컴퓨터의 등장은 예측 불가능한 결괏값을 산출하는 프로그램을 가능하게 할 수 있다. 언젠가 자기의식이 인공적으로 구현될 가능성도 있다. 분명한 점은 인간처럼 행동하는 인공물의 등장만으로 도덕적 지위와 행위자의 지위 논쟁이 일어나고 있다는 것이다. 위에서 언급했듯, 나는 인공물이 도덕적 지위를 가질 수 있는지, 행위자의 지위를 가질 수 있는지에 대한 문제는 사회적 합의 문제라고 생각한다. 그리고 그 과정에서 중요하게 영향을 미치는 요소는 인간과의 정서적 상호작용이다.

새로운 자아를 창조하는 일은 어떻게 가능한가?

마음먹기에 달려 있다는 말은 진실일까?

만일 자유의지가 없다면,

그 모든 믿음은 그림자와 같은 허상일 뿐이다.

맺음말: 잠정적 결론

지금까지 우리는 자유의지를 둘러싼 주요 개념들과 그 역사를 알아보았다. 결정론, 양립론, 자유론의 기원과 주요 논증 및 난점도 알아보았다. 그리고 과학과 철학이 어떤 점에서 비슷하고 어떤 점에서 다른지, 또 왜 특정 문제에 관해서는 협업이 필요한지 확인했다. 마지막으로 인간의 뇌지도 완성과 챗GPT의 등장이 자유의지 논쟁에 시사하는 바가 뭔지 알아보았다.

이 책의 일부는 다른 이의 생각을 소개하고 있지만, 또 다른 일부는 나의 논증을 담고 있다. 독자는 내 생각에 동의할 수도 있지만, 동의하지 않을 수도 있다. 동의하지 않는 지점이 바로 당신의 생각을 발전시킬 수 있는 지점이기도 하다. 다만 중요한 점은 당신의 생각의 근거가 무엇이냐는 것이다. 다른 지성인에게도 설득력이 있는 근거를 끈기 있게 생각해본다면, 당신은 이미 철학을 하는 셈이다.

우리 인류는 아직 물질에 대해 모르는 게 많다. 우리 머리뼈 속에 있는 약 1.5kg 정도 되는 단백질 덩어리, 뇌에 대해서도 그렇다. 어떻게 자기의식이 생겨나는지 우리는 모른다. 또 어떻게 무언가에 대한 생생한 느낌을 갖는지 모른다. 일상에서 우리가 눈만 뜨면 마주하는 능력 자체가 수수께끼의 대상인 셈이다. 물리학에서도 마찬가지이다. 아직 암흑 물질Dark Matter과 암흑 에너지Dark Energy가 뭔지 모른다. 블랙홀 내부에서 어떤 일이 벌어지는지 우리는 모른다. 그 말은 인류가 획득한 과학 지식이 여전히 불충분함을 암시한다.

자유의지 문제가 해결되기 위해서는 두뇌를 포함한 물질에 대한 더 정확한 지식이 필요하다. 머릿속의 사유만으로 자유의지 문제는 해결될 수 없다. 과학적 발견과 진보를 향한 열망, 그리고 진리를 향한 열린 마음이 필요하다.

이 책을 다 읽었다면, 이제부터 시작이다. 자유의지 문제는 당신의 지성 안에서 싹을 틔웠다. 무엇이 피어날지는 전적으로 당신에게 달려있다. 이미 보았듯, 결정론이 옳아도, 자유론이 옳아도 노력은 필요하다. 지식에 대한 끝없는 사랑은 결정론이 옳아도 참이고, 틀려도 참이다.

힘을 내자. 적어도 우리는 틀린 길을 걷고 있지 않으니.

읽을거리

각주에 나온 책과 논문과 별도로 읽을거리를 정리해둔다.
이 책을 쓸 때 도움을 받았던 영미권의 입문서들도 포함되어 있다.

- 『철학자가 된 셜록 홈즈-현대 심리철학으로의 모험』, 김남호, 새물결플러스, 2018
- 『신경과학 시대에 인간을 다시 묻다』, 김남호, 북코리아, 2020
- 『자유의지』, 마크 발라규어, 한정라 역, 한울, 2021
- 『자유의지는 없다』, 샘 해리스, 배현 역, 시공사, 2014
- Helen Beebee, *Free Will. An Introduction*, PALGRAVE MACMILLAN, 2013
- Michael Frede, *A Free Will. Origins of the Notion in Ancient Thought*, university of california press, 2011
- Thomas Pink, *FREE WILL. A Very Short Introduction*, oxford university press, 2004
- Robert Kane, *A contemporary introduction to free will*, oxford university press, 2005
- Robert Kane and Carolina Sartorio, *Do We Have Free Will?*, Routledge, 2022
- Michael McKenna and Derk Pereboom, *Free Will. A Contemporary Introduction*, Routledge, 2016

당신은 **자유**로운가
자유의지, 그 난제로의 초대

초판 1쇄 인쇄 2024년 2월 21일
초판 1쇄 발행 2024년 2월 27일
지은이 김남호
발행처 이야기나무
발행인 및 편집인 김상아
기획/편집 장원석, 윤정희
디자인 모디팩토리
홍보/마케팅 조재희, 김은지, 이소현
인쇄 삼보아트
등록번호 제25100-2011-304호
등록일자 2011년 10월 20일
주소 서울시 마포구 연남로13길 1 레이즈빌딩 5층
전화 02-3142-0588
팩스 02-334-1588
이메일 book@bombaram.net
블로그 blog.naver.com/yiyaginamu
인스타그램 @yiyaginamu_
페이스북 www.facebook.com/yiyaginamu
ISBN 979-11-85860-68-8 [03100]
값 16,000원
©김남호